Dr. Achim Pothmann

Die Zukunft der Unternehmen

Und was es für den Sprung in eine erfolgreiche Zukunft braucht

Durch dieses Buch möchte ich Mitarbeitende, Führungskräfte und Geschäftsführungen zu einer neuen Art der Zusammenarbeit und Führung ermutigen, bei der im Ergebnis alle gewinnen!

FSC
www.fsc.org
MIX
Papier aus verantwortungsvollen Quellen
Paper from responsible sources
FSC® C105338

Deutsche Erstauflage
Dieser Titel ist auch als E-Book erschienen.

Autor: Dr. Achim Pothmann, Unna
Lektorat: Dr. Peter Schäfer, Gütersloh, www.schaefer-lektorat.de
Buchsatz/Layout: Dr. Peter Schäfer
Illustrationen: Johannes Mauer, Jana Kirchner, Achim Pothmann
Foto Autorenseite: Lutz Tölle, www.toelle-fotostudio.de
Umschlaggestaltung: Johannes Mauer
Herstellung & Verlag: BoD – Books on Demand, Norderstedt

ISBN: 978-3-759-73156-2

Sollten Sie trotz intensiver Prüfung in diesem Buch Fehler finden, teilen Sie sie uns gerne mit: info@DrPothmann.de.

INHALT

Über den Autor

Dipl. Kfm. Dr. phil. Achim Pothmann, geboren 1967, lebt mit seiner Familie in Unna. Als Wirtschaftswissenschaftler, Unternehmer und Hochschuldozent (Fachbereich New Work/ Leadership) beschäftigt er sich seit über drei Jahrzehnten mit Herzblut für neue Arten der Unternehmensführung. Seine Konzepte lösen die Probleme, die die meisten Unternehmen und ihre Führungskräfte täglich herausfordern und in Zukunft noch mehr in Krisen treiben werden:

- Fachkräftemangel, schwierige und teure Mitarbeitergewinnung,
- gestiegene Ansprüche der Bewerberinnen und Bewerber,
- unmotivierte und unzufriedene Mitarbeitende,
- sinkende Produktivität und
- schwindender wirtschaftlicher Erfolg.

Neben seiner wissenschaftlichen Arbeit war Pothmann zwanzig Jahre lang geschäftsführender Gesellschafter der SchuhHouse-Geschäfte. Hier definierte er Zusammenarbeit neu und identifizierte einen Wirkungsmechanismus, durch den die Mitarbeiterbindung gestärkt sowie der wirtschaftliche Erfolg zu einem logischen Ergebnis werden.

Mit seinen Unternehmen lieferte er schon vor vielen Jahren den Beweis für den Erfolg dieses Wirkungsmechanismus, der heutzutage wissenschaftlich eindrucksvoll belegt ist. Als Pionier für diese Art der Unternehmensführung wurde er mehrfach mit seinem Unternehmen ausgezeichnet, galt als »Leuchtturm« für seine Branche (Handelsjournal, 06/2017) und wird als Experte zum Thema »Zukunft der Unternehmen« als Speaker und Berater gebucht.

Er begeistert die Menschen dafür, (Zusammen-)Arbeit und Führung neu zu denken. Als Buchautor trägt er seine Erfahrungen in die Welt und unterstützt Unternehmen dabei, sich zu zukunftsfähigen Unternehmen zu entwickeln.

Kontakt:

Dr. Achim Pothmann
Bahnhofstr. 7
59423 Unna
www.DrPothmann.de
Info@DrPothmann.de

Einführung: gefangen in unseren Mindsets

Mitarbeiterinnen und Mitarbeiter fühlen sich von ihren Führungskräften wenig wertgeschätzt, manche schlecht behandelt oder sogar von ihnen tyrannisiert. Die Führungskräfte wiederum fühlen sich von ihren Mitarbeitenden unverstanden. Sie verzweifeln daran, dass sie sie nur schwer zu engagierter Arbeit bewegen können. Zudem stehen sie zwischen den Fronten der Erwartungen der Belegschaft und den Vorgaben ihrer Geschäftsführungen, die ebenfalls ihre Aufgabe als harte Arbeit erleben. Zu wenig Miteinander und viel zu viel Unzufriedenheit der Beteiligten – das prägt das Bild der Arbeitswelt.

Jetzt werden Sie vielleicht denken, ich schildere die Herausforderungen der Unternehmen, seiner Mitarbeitenden und Führungskräfte aus Sicht der Gegenwart. Aber nein! Dies waren bereits meine Erfahrungen vor über dreißig Jahren, als ich während meines Studiums und der Promotion in verschiedenen Unternehmen unterschiedlicher Größe und Branche gearbeitet habe. Die Situation, wie sie heute zum Arbeitsalltag gehört, ist – und so viel sei verraten – noch schlimmer.

Wie sieht es heute in den Unternehmen aus?

»Das muss doch anders gehen« war seinerzeit mein Gedanke. Seitdem beschäftige ich mich mit der Arbeitswelt, der Entwicklung von Unternehmen und Organisationen sowie der Art und Weise, wie Menschen Arbeit wahrnehmen, wie sie in Unternehmen zusammenarbeiten und wie Führung stattfindet.

Auch wenn es mir gelang, eine andere Arbeitswelt in meinem damaligen Unternehmen erlebbar zu machen, muss ich heute feststellen, dass Arbeit im Allgemeinen in unserem Gesellschaftssystem immer noch einen düsteren Stellenwert einnimmt – was mich wirklich traurig macht. Zudem sind die Herausforderungen für die Unternehmen vielfältiger und noch herausfordernder geworden. Einige erscheinen sogar weniger lösbar als vor dreißig Jahren.

So kommen zu der (Dauer-)Herausforderung, Mitarbeitende zu engagierter Arbeit zu bewegen, nun junge Menschen auf den Arbeitsmarkt, die aus Sicht der erfahrenen Führungskräfte und Geschäftsführungen irreale, einige möchten sagen unverschämte Forderungen stellen. Gleichzeitig verweigern sich Teile der Babyboomer immer mehr, machen nur noch Dienst nach Vorschrift, flüchten sich in die (Alters-)Teilzeit oder Frühverrentung. Nicht zu vergessen die permanente Gefahr der Mitarbeiterfluktuation, die im Zeitalter des Fachkräftemangels ein weiteres riesiges Problem darstellt. Von einigen Führungskräften, insbesondere Geschäftsführungen, höre ich sogar, dass die Herausforderungen mit ihren Mitarbeitenden so groß und vielfältig geworden sind, dass sie den größten Teil ihrer Geschäftsführungssitzungen einnehmen und sie gar nicht mehr zu ihren eigentlichen Aufgaben kommen

Hat sich denn nichts entwickelt? Ein Blick in die Organisationsentwicklung

Werfen wir mal einen kurzen Blick in die Arbeits- und Organisationspsychologie, konkret in den Bereich der Organisationsentwicklung. Ihr Anliegen ist es, Unternehmen und Institutionen so zu entwickeln, dass sie erfolgreich arbeiten können. Hierzu sind viele Modelle entwickelt worden, die die Entwicklungen von Organisationen darstellen. Wie beschreiben sie die Zukunft der Unternehmen, und welche Lösungen stellen sie vor? Als ich als junger Student meine ersten Erfahrungen in der Arbeitswelt machte, entstanden die ersten Entwicklungs- und Stufenmodelle für Menschen und Organisationen. Sie basierten auf

Erkenntnissen der Entwicklungstheorie. Claire Graves (1914–1986)[1] entwickelte zum Beispiel in den fünfziger und sechziger Jahren des letzten Jahrhunderts das Modell der Graves-Ebenen. Es beschreibt acht verschiedene Bewusstseinsebenen, bei der jede Ebene eine bestimmte Denkweise, Werte und Verhaltensmuster von Menschen repräsentiert. Ein weiteres Entwicklungsmodell kennen Sie sicherlich von Abraham Maslow, der das Stufenmodell der Bedürfnispyramide entwickelt hat.[2]

Diese Entwicklungsmodelle beschreiben den psychologischen Reifeprozess des Menschen anhand von vertikal angeordneten Bewusstseinsebenen, die der Mensch im Rahmen seiner Evolution von unten nach oben durchläuft. Ein Schüler von Graves, Don Beck, entwickelte dieses Modell weiter (Spiral Dynamics[3]) und adaptierte es für ganze Gesellschaften und Organisationen. In dieser Zeit entstanden einige damit vergleichbare, häufig mit Farben gekennzeichnete Stufenmodelle. Im Kontext von Unternehmen und ihrer Entwicklung wird von Transformation gesprochen, durch die sich die Organisationen von einem Paradigma, also einer spezifischen Weltsicht, zum nächst Höheren weiterentwickeln.

Am Beispiel von Reinventing Organizations, einem weiteren, wie ich finde, besonders anschaulichen Modell von Frederic Laloux, stelle ich Ihnen beispielhaft so ein Stufen- und Entwicklungsmodell für Organisationen kurz vor.[4]

1. Impulsive Weltsicht

Die erste Stufe, bei der Laloux von einer Organisation spricht, nennt er die »impulsive Welt«. Vor rund 10 000 Jahren entstanden erste größere Gesellschaftsformen. Um die soziale Ordnung aufrechtzuer-

[1] Vgl. Graves 2014.
[2] Vgl. Maslow 1992.
[3] Vgl. Beck und Cowan 2007.
[4] Vgl. Laloux 2015 und 2017.

halten, entstand die Rolle eines Häuptlings, deren Aufgabe es war, die Ordnung zu sichern, wenn nötig mit Gewalt. Auf dieser Organisationsstufe geht es ziemlich impulsiv und egozentrisch zu. Regeln des Umgangs gibt es nicht. Derjenige, der die Macht innehat, bestimmt nach Belieben. Alle anderen haben sich zum Gehorsam zu verpflichten, andernfalls erleben sie Unterdrückung und Gewalt. Impulsive Organisationen kann man gut mit einem Wolfsrudel oder einer Straßengang vergleichen. Hier hat nur ein Einziger das Sagen: der Chef. Er teilt auch die Beute auf, nachdem er sich seinen (großen) Teil genommen hat.

2. Traditionell-konformistische Weltsicht

Die nächste Bewusstseinsebene, sprich Paradigma, entstand zum Zeitalter der Landwirtschaft, der Staaten und Imperien sowie der Bürokratie und institutionalisierten Religionen. Es entstanden soziale Klassen, Kasten oder Stände mit strengen Regeln. In diesen festen Strukturen und Hierarchien weiß jeder, wo er steht und wie er sich im Verhältnis zu anderen Machtebenen zu verhalten hat. Menschen in Organisationen auf dieser Bewusstseinsebene müssen lernen, ihre Impulsivität zu kontrollieren und Selbstdisziplin im Dienste eines gemeinsamen Glaubens beziehungsweise eines Regelwerkes zu zeigen. Von Gott gegebene, unveränderbare Gesetze oder in einer Organisation vorgegebene Regeln und Strukturen geben vor, was richtig und falsch ist. Schuld und Scham hält die Gesellschaft zusammen. In dieser Weltsicht wird nach hierarchischer Position bezahlt, und auf gleicher Ebene gilt: gleiche Bezahlung für gleiche Arbeit, unabhängig davon, wie gut sie erledigt wird. Laloux bemerkt, dass heute immer noch ein großer Teil der Organisationen im Rahmen dieser traditionell konformistischen Weltsicht agieren.[5] Wir finden sie in religiösen Institutionen, Behörden, bei der Bundeswehr, Polizei, in öffentlichen Schulen und Verwaltungen.

[5] Vgl. Laloux 2017, S. 22.

3. Moderne leistungsorientierte Weltsicht

Wissenschaft und die industrielle Revolution haben diese Weltsicht entstehen lassen. Die Überzeugung von einem unveränderbaren Regelwerk aus Richtig und Falsch wird abgelöst durch den Gedanken eines komplexen Uhrwerks, deren Funktion und Naturgesetze untersucht und verstanden werden können. Je mehr man dies versteht, desto besser kann man die Welt in seinem Sinne nutzen.

Die neue Überzeugung lautet: Wenn ich im Verstehen und Manipulieren der Welt schneller, klüger und innovativer als andere bin, werde ich erfolgreicher sein und mehr Wohlstand, Gewinn und Marktanteile erreichen.[6] Das moderne leistungsorientierte Paradigma findet sich heute in vielen Managementpraktiken wieder. Unternehmen werden als zu perfektionierende Maschinen gesehen, deren Prozesse nicht gottgegeben oder einfach nur vorgegeben, also statisch sind. Durch Innovationen kann jedes Vorgehen leistungsfähiger gemacht werden. Nicht die Regelhaftigkeit, sondern die Fortschrittlichkeit wird zu einem Wettbewerbsvorteil.

Management nach Zielen heißt die Devise und äußert sich in der strategischen Planung, in Jahresbudgets, Kennzahlen, Leistungsbewertungen oder Prämiensystemen. Mit dem leistungsorientierten Bewusstsein ist die individuelle Zielerreichung auch der Maßstab fürs Gehalt. Alles ist darauf ausgerichtet, Arbeitsprozesse so zu perfektionieren, dass sie möglichst wenig Kosten verursachen und damit möglichst viel Gewinn ermöglichen. Die meisten der Unternehmen in der heutigen Zeit agieren nach diesen Methoden. Selbst Krankenhäuser wurden durch dieses Paradigma zu hoch effizienten, aber seelenlosen Maschinen »entwickelt«.

Zum beliebten Vokabular in dieser Weltsicht gehören »Input« und »Output«, »Effizienz« und »Effektivität«, »Engpässe«, »Return of

---

[6] Vgl. Laloux 2015, S. 24.

Investment« und der Mensch als »Ressource«. Wenn er als Teil der Maschinerie nicht im angestrebten Rhythmus funktioniert, werden weiche Interventionen wie Teambuilding als Lösungsmaßnahmen ergriffen.

4. Postmoderne pluralistische Weltsicht

Während die konformistische und die moderne Weltsicht heute noch Institutionen und Wirtschaft klar dominieren, hält die Postmoderne vorsichtig Einzug ins akademische Denken, in gemeinnützige Organisationen und in wenige Unternehmen.[7] Führungskräfte und Mitarbeitende verstehen Organisationen als Gemeinschaft. Manchmal sprechen sie von einer Familie, in der jeder seinen Platz hat und wertschätzende Zusammenarbeit großgeschrieben wird. Eine werteorientierte Kultur hilft allen zur Haltungs- und Verhaltensorientierung. Menschen mit diesem Bewusstsein lehnen entmenschlichte Leistungsorientierung ab. Die Aufgabe der Führungskräfte ist es, ihre Mitarbeitenden zu unterstützen und zu ermächtigen (Empowerment). Hier wird Augenhöhe erstmalig und ernsthaft von Führungskräften sowie Mitarbeitenden gelebt. Teamprämien dominieren das Entlohnungssystem.

5. Integrale evolutionäre Weltsicht

Die evolutionären Organisationen sind davon geprägt, Ganzheit mit sich und der Welt herzustellen. Sie bauen Hierarchien und bürokratische Prozesse ab und fluide Systeme verteilter Autorität und kollektiver Intelligenz auf. Selbstführung und ein evolutionärer Sinn sind neben der Ganzheitlichkeit die prägenden Elemente. Entlohnung wird gemeinschaftlich geregelt. Ziele und Strategien werden vom »Spüren« abgelöst. Dieses Paradigma ermöglicht den Beteiligten in der Organisation eine Entdeckungsreise zu ihrem wahren Selbst. Die innere Stimme dient als Kompass, und die Macht des Egos über einen selbst

[7] Vgl. Laloux 2015., S. 30.

schwindet. Menschen, die sich auf dieser Ebene bewegen, spüren die Leere und den Schmerz des modernen (Arbeits-)Lebens, in welchem das Äußere nicht mit dem Inneren zusammenpasst. Sie suchen nach Ganzheit.

Warum dieses Buch?

Als ich vor vielen Jahren diese Modelle der Organisationsentwicklung (OE) kennenlernte, war ich begeistert. Sie beschrieben plausibel, wie die Welt der Unternehmen ist und wie sie sich im Rahmen von Transformationen verändert. Aber wenn durch die diversen OE-Konzepte die Welt der Unternehmen und deren zukünftige Entwicklungsstufen so ausführlich beschrieben sind, wofür braucht es dann noch dieses Buch über die Zukunft der Unternehmen?

Ganz einfach: Weil sich trotz dieses, wie ich finde, umfassenden und hervorragenden Wissens, die Arbeitswelt immer noch in einem deprimierenden Zustand befindet. Weil die meisten Unternehmen in Paradigmen feststecken, mit denen sie nicht die immensen Herausforderungen unserer Zeit, wie sie hier exemplarisch aufgelistet sind, lösen können:

- Fachkräftemangel, schwierige und teure Mitarbeitergewinnung,
- gestiegene Ansprüche der Bewerberinnen und Bewerber,
- unmotivierte und unzufriedene Mitarbeitende,
- sinkende Produktivität und
- schwindender wirtschaftlicher Erfolg.

Vor dreißig Jahren war mein Gedanke: *Da läuft doch was schief. Das muss doch anders gehen!* Seit fünfzehn Jahren betrachte ich diese Thematik nicht mehr nur wie zuvor für mein eigenes Unternehmen, sondern auf einer abstrakteren Ebene, und zwar für alle Unternehmen. Der Anspruch, der mich angetrieben hat, war Folgender: Wir müssen einen direkteren, schnelleren Weg der Entwicklung finden. Einen Weg, der nicht mehrere Transformationen über mehrere Stufen bedeutet und Jahre oder schlimmstenfalls sogar Jahrzehnte bedarf, damit die Unternehmen vielleicht irgendwann mal in der Lage sein werden, ihre Herausforderungen zu lösen. Einen Weg, der für alle Unternehmen umsetzbar ist, (fast) egal auf welcher Entwicklungsstufe sie sind.

Wozu also dieses Buch? Um Ihnen eben so einen Weg vorzustellen.

Neu, anders denken

Um einen solchen zu finden und um all das zu verstehen, was ihn ausmacht, musste ich mich vom etablierten (OE-)Denken lösen und *out of the box* denken. Denn:

Es ist schwierig etwas Neues zu (er-)denken, wenn ich mit meinem »alten« Denken weiterdenke.

Ich hatte Fragen zu beantworten wie:

- Wie müsste das Paradigma der Menschen in einem Unternehmen sein, damit die immensen Herausforderungen, unter denen die Unternehmen in der heutigen Zeit leiden, von ihnen auch gelöst werden können?
- Gibt es eine Zielgröße, auf die sich Unternehmen und deren Beschäftigte fokussieren können, um ein entsprechendes Mindset zu entwickeln?
- Wie könnte dabei der Mechanismus sein, so dass die Menschen sich voll bei ihrer Arbeit und für ihr Unternehmen einsetzen und ihre Unternehmen wirtschaftlichen Erfolg erzielen?
- Und schlussendlich die Frage: Wie kommen Unternehmen in diesen Zustand?

Die Antwort auf all diese Fragen liefert dieses Buch:

- Es ermöglicht Ihnen anhand von zehn systematisch hergeleiteten Erkenntnissen einen Blick in die Zukunft von Unternehmen. Sie werden deutlich erkennen, warum die einen Unternehmen in Zukunft überproportional stark an Erfolg und guten Mitarbeitenden einbüßen werden. Deren schier unlösbar scheinenden Herausforderungen werden noch unlösbarer werden. Andere Unternehmen werden sich hingegen vor Interessenten und Erfolg gar nicht retten können.
- Das Buch beschreibt ein Unternehmens-Mindset und einen Wirkungsmechanismus, durch welche die Unternehmen die oben beschriebenen Herausforderungen und Probleme lösen können.
- Es identifiziert eine Zielgröße, die sich als Schlüssel herausstellt, um das Mindset zu entwickeln.
- Es liefert die Rezeptur zukünftig erfolgreicher Unternehmen und erklärt, warum es heutzutage bei Weitem nicht mehr ausreichen kann, nur das Thema Führung neu zu denken.
- Es stellt einen beinahe natürlichen Prozess vor, wie Unternehmen pragmatisch, direkt und zielgerichtet in diese höchste Liga der zukunftsfähigen Unternehmen aufsteigen können.

Eine Erkenntnisreise in sechs Kapiteln

Im ersten Kapitel werden wir dazu einige exemplarische Herausforderungen, unter denen heutzutage die Unternehmen besonders leiden, genauer analysieren und herausfinden, welche hauptsächliche Ursache ihnen zugrunde liegt. Dabei sei erwähnt, dass es in diesem Buch nicht um die Frage nach neuen Geschäftsmodellen oder etwa um Fragen des Golden Circle[8] geht. Hier geht es um Herausforderungen, die im Zusammenhang mit Mitarbeitenden, ihrer Zusammenarbeit und Führung stehen.

[8] Vgl. Sinek 2011.

Was die Unternehmen in der Zukunft an zusätzlichen Problemen zu lösen haben, welche Brände sie zu löschen haben, wird im zweiten Kapitel deutlich und lässt uns zwei weitere Erkenntnisse über die Zukunft der Unternehmen gewinnen.

Kapitel drei befasst sich intensiv mit der zentralen Zielgröße, die in den ersten beiden Kapiteln identifiziert wurde. Sie wird hier genauer erläutert.

Warum die einen Unternehmen in Zukunft scheitern und die anderen überproportional gewinnen werden, wird anhand der Erkenntnisse im vierten Kapitel überdeutlich. Wie diese zukunftsfähigen Unternehmen genau aussehen und was sie ausmacht, wird anhand der Glückspyramide der Unternehmen, die ebenfalls im vierten Kapitel vorgestellt wird, glasklar.

Kapitel fünf liefert die Rezeptur zukünftig erfolgreicher Unternehmen und erklärt, warum es heutzutage nicht mehr ausreichen kann, nur das Thema Führung neu zu denken.

Abschließend liefert Kapitel sechs die Antwort auf die große Frage, wie so ein Prozess aussieht, durch den ein Unternehmen in die höchste Liga der zukunftsfähigen Unternehmen kommt und dadurch die Herausforderungen lösen kann.

Zwei Hinweise zur Benutzung dieses Buches

Alle zehn Erkenntnisse, die in diesem Buch hergeleitet werden, sowie der neuroplastische Prozess im sechsten Kapitel, basieren auf wissenschaftlichen Erkenntnissen aus meinem Fachbereich sowie weiterer unterschiedlichster Disziplinen wie der Neuropsychologie, Hirnforschung und Positiven Psychologie. Wie auch in meinen letzten vier Büchern habe ich mich entschieden, beim Verfassen dieses Textes wieder auf einen für Sie guten Lesefluss zu achten und deshalb weitere Bezüge zu wissenschaftlichen Quellen sowie weitergehende Hinweise nicht im Text, sondern in den Fußnoten aufzuführen.

Wie Sie eingangs lesen konnten, bekommen die Unternehmen ihre Herausforderungen mit den ihnen bekannten Lösungsstrategien offensichtlich nicht gelöst. Deshalb bleiben die Probleme so hartnäckig. Die Lösungen im Rahmen unseres bisherigen Mindsets zu suchen, wird schwierig, da sie sicherlich außerhalb dieses Rahmens liegen werden. Daher bitte ich Sie, offen zu sein. Sie werden Dinge lesen, bei denen Ihnen zunächst vielleicht ein Störgefühl entstehen wird. Aber lassen Sie es wirken und lesen Sie bitte weiter. Sie werden feststellen, dass die Erkenntnisreise zu einem vollständigen und umfassenden neuen Bild über die Zukunft der Unternehmen führen wird, das sich schließlich für Sie wahr und richtig erweisen wird.

In diesem Sinne wünsche ich Ihnen viel Freude beim Lesen.

Ihr Achim Pothmann

1. Die Herausforderungen an Unternehmen: warum sich Unternehmen heute mit Erfolg schwertun

Berufsbedingt lerne ich sehr viele Unternehmen verschiedener Branchen und unterschiedlichster Größe kennen, von kleineren und mittleren Unternehmen (KMU) bis zu Dax-Konzernen. Und wie es so meine Art und mein langjähriges Interesse ist, frage ich immer die Führungskräfte und Geschäftsführungen, mit welchen Herausforderungen im Zusammenhang mit ihren Mitarbeitenden sie zu kämpfen haben. Über die Jahre kristallisierten sich diese Top 5 heraus:

1. zu hohe Mitarbeiterfluktuation,
2. zu hohe Krankenstände,
3. zu hohe Fehlerquoten,
4. unmotivierter Vertrieb und
5. unzufriedene Kunden.

Wenn ich Arzt wäre und ein Patient würde mir diese Liste präsentieren, würde ich sagen: »Oh, Sie haben ja nicht nur Knieschmerzen, sondern auch noch Bluthochdruck, Migräne, Magenprobleme und ›Rücken‹.«

Tatsächlich kann man es so sehen, dass die oben beschriebenen Herausforderungen Symptome eines nicht mehr gesunden, kränkelnden Systems sind. Und der Reflex als Arzt wäre natürlich die Frage nach der oder den Ursachen dieser Symptome.

1.1 Die Hauptursache der Herausforderungen

Um die Ursache dieser Krankheitssymptome herauszufinden, nehmen wir im Folgenden jedes dieser typischen Symptome ungesunder Unternehmen einzeln unter die Lupe.

Der Ärger mit zu hoher Mitarbeiterfluktuation

Was verursacht eine allzu hohe Mitarbeiterfluktuation? Nun, wir müssen uns zunächst bewusst machen, dass in einem Unternehmen erst einmal niemand kündigt. Mit Ausnahme der Mitarbeitenden, die aus Karrieregründen strategisch ein Unternehmen wechseln, bleiben alle erst mal dort, wo sie sind. Allein aus Gewohnheit. Die Gewohnheit ist ein starker Beweggrund für viele Dinge. Aber es gibt noch einen weiteren, tiefer liegenden Grund, warum Menschen nicht einfach so kündigen: Sie machen sich Sorgen darum, was geschehen wird, wenn sie in eine neue Unternehmenswelt umziehen: Komme ich dann mit meinen neuen Kolleginnen und Kollegen klar? Wie sind dort die Führungskräfte und die Geschäftsführung drauf? Werden sie zu all dem stehen, was sie mir im Rahmen des Einstellungsverfahrens versprechen? Das sind alles Fragen, die Mitarbeitende sich stellen und die eher abschrecken, eine Kündigung einzureichen. Ein größeres Hemmnis ist allerdings die Angst davor, nach der Probezeit nicht übernommen zu werden und ungebremst in die Arbeitslosigkeit zu rauschen. Das Einkommen bricht dann ein und bei so einer Vorstellung auch gleichzeitig die Angst aus. Diese Sorgen und Ängste verursachen ein ungemein schlechtes Gefühl der Veränderungsangst, und sie ist der Hauptgrund dafür, warum Menschen erst einmal im Unternehmen bleiben.

Wenn nun Führungskräfte über eine zu hohe Mitarbeiterfluktuation klagen, muss in ihrem Unternehmen eine Kraft wirken, die stärker ist als die Veränderungsangst. Die Menschen müssen offensichtlich einen derart hohen Leidensdruck spüren, dass sie risikobereiter werden und sich durch ihre eigenen Veränderungsängste nicht mehr abgeschreckt fühlen. Oder anders ausgedrückt: Die Menschen sind viel zu unglücklich mit dem, was sie im Unternehmen bekommen, erleben und erfahren. Was es auch immer konkret ist, es verursacht zu viel Schmerz, um weiter im Unternehmen bleiben zu wollen. Die Mitarbeiterinnen und Mitarbeiter sind zu unzufrieden, um sich weiterhin an ihr Unternehmen zu binden.

Kurz gesagt: Sie sind zu unglücklich, um zu bleiben![9]

Bei einer zu hohen Fluktuation sind zu viele Mitarbeitende zu unglücklich, um zu bleiben.

Eine zu große Unzufriedenheit mit dem, was die Mitarbeitenden im Kontext von Arbeit in ihrem Unternehmen erleben, führt also zu einer hohen Mitarbeiterfluktuation.

Die Last mit zu hohen Krankenausfällen

Was verursacht zu hohe Krankenstände? Krank ist nun mal krank, oder? Alles Zufall? Wir wissen, dass das nicht stimmt. Wir erleben in der Arbeitswelt tagtäglich, wie sich die einen krank und mit dem Kopf unterm Arm zur Arbeit schleppen und die anderen die Grippe des Nachbarn nutzen, um sich schon mal prophylaktisch krankzumelden. Auch wenn das Beispiel mit des Nachbars Grippe etwas übertrieben ist, lassen Sie uns dennoch die Frage stellen, warum Mitarbeitende sich krankmelden, obwohl sie faktisch vielleicht gesund sind oder eine so minimale Beeinträchtigung haben, mit der sie dennoch ihre Arbeit locker machen könnten.

Es muss Gründe geben, die so gewichtig sind, dass diese Menschen ihre Kolleginnen und Kollegen ohne schlechtes Gewissen hängen

[9] Auch wenn zwischen den Worten Glück und Zufriedenheit Bedeutungsunterschiede festzumachen sind, werde ich diese beiden Begriffe hier pragmatisch als Synonyme verwenden.

– und ihre Arbeit liegen – lassen. Offensichtlich erleben sie bei der Arbeit etwas, das ihnen ein schlechtes Gefühl verursacht. Sie sind zu unzufrieden mit dem, was sie dort erleben und erfahren, sodass es für sie besser ist, nicht hinzugehen. Wenn also die Unzufriedenheit groß genug ist, nutzen die Angestellten sogar die Grippe des Nachbarn, um ihr fernzubleiben.

Kurz gesagt: Bei zu hohen Krankenständen sind viel zu viele Mitarbeitende zu unglücklich mit dem, was sie im Beruf bekommen, erfahren und erleben, sodass es für sie besser ist, nicht hinzugehen.

Bei zu hohen Krankenständen sind zu viele Mitarbeitende zu unglücklich, sodass sie lieber wegbleiben. !

Wenn Fehler zur Regel werden

Eine zu hohe Fehlerquote kann man beseitigen, indem man die prozessualen Ursachen für sie identifiziert und verbessert. Aber was ist, wenn es nicht an den Strukturen und Prozessen liegt? Dann scheinen wohl einige nicht richtig bei der Sache gewesen zu sein. Sie waren nicht aufmerksam genug oder haben sich nicht genug verantwortlich gefühlt. Wenn es immer wieder geschieht, scheint es den Mitarbeitenden ein Stück weit egal zu sein, dass ihnen viele Fehler passieren und dies Schaden und höhere Kosten verursacht. Die häufigste Ursache ist auch hier eine zu große Unzufriedenheit mit dem, was die Mitarbeitenden bei ihrer Tätigkeit, in ihrer Abteilung, ihrem Unternehmen, mit den Kolleginnen und Kollegen oder ihren Vorgesetzten erleben.

Zu große Unzufriedenheit lässt Konzentration, Gewissenhaftigkeit und Verantwortungsgefühl schwinden und die Fehlerquote steigen.

Der Vertrieb, der keinen Umsatz macht

Vor einiger Zeit hat mich ein großer Wirtschaftsverlag gebeten, in einem Vertriebsbuch einen Artikel zum Thema »Jobglück im Vertrieb« zu schreiben. Begonnen habe ich ihn mit der folgenden Frage: »Haben Sie schon einmal einen dauerunzufriedenen, griesgrämigen Vertriebler erlebt, der vor Erfolg nur so strotzt?« Und die kurze Antwort war: Wahrscheinlich nicht. Und damit ist die Sollbruchstelle ihres Vertriebserfolges schon benannt: Unzufriedenheit im Job![10] So einfach ist das:

Zu unzufrieden im Vertriebsjob? Das gibt garantiert schlechte Umsätze!

Schade, wenn zu viele Kunden unzufrieden sind

Und jetzt stellen Sie sich bitte einmal einen Mitarbeitenden im Innendienst vor, der morgens mies gelaunt und unzufrieden für die telefonische Kundenbetreuung zuständig ist. Welches Signal strahlt er in Richtung Kundin und Kunde aus? Selbst wenn er oder sie das Richtige sagt, wissen wir alle zu genau, dass auf der Tonspur dennoch die ganze Unzufriedenheit und damit in der Regel auch die wenig ausgeprägte Kundenorientierung mitschwingt. Unzufriedenheit überträgt sich! Es gibt auch andere Gründe, warum Kunden unzufrieden sein können,

[10] Vgl. Pothmann 2022, S. 205.

aber ganz häufig sind unzufriedene Kunden ein Opfer unzufriedener Ansprechpartnerinnen und Ansprechpartner.

Unglückliche Mitarbeitende produzieren unzufriedene Kunden.

Eine ungesunde Symptomwelt: die Hauptursache

Überrascht es Sie, zu erkennen, dass Knieschmerzen, Bluthochdruck, Migräne, Magenprobleme und »Rücken«, um im Bild zu bleiben, im Wesentlichen ein und dieselbe Ursache haben? Bei den einzelnen Befunden und erst recht bei dem umfassenden Krankheitsbild ist eine zu große Unzufriedenheit das Kernproblem. In so einer ungesunden Unternehmenswelt gilt: Die Mitarbeitenden sind zu unzufrieden mit dem, was sie im Unternehmen erleben, bekommen und erfahren, um sich bereitwillig und voller Überzeugung an ihr Unternehmen zu binden und ihrer Arbeit zuverlässig und engagiert nachzugehen. Die Ursache für die oben genannten Top-5-Herausforderungen der Unternehmen ist eine zu große Unzufriedenheit! Kurz gesagt:

Die Menschen sind zu unglücklich, um sich an ihr Unternehmen zu binden und um es erfolgreich zu machen.

1.2 Die gegenteilige Symptomwelt

Wie wäre eine Unternehmenswelt und welche Symptomlage würde entstehen, wenn wir die Ursache, wie wir sie gerade identifiziert haben, umkehren? Welche Symptome würden sich zeigen, wenn statt einer zu großen Unzufriedenheit der Mitarbeitenden, nun Zufriedenheit als Ursache wirkt?

Starke Mitarbeiterbindung

Ich hatte in meinem Betrieb eine sehr gut ausgebildete, hoch motivierte Führungskraft mit zwei Studienabschlüssen, viel Erfahrung und Führungsverantwortung. Es war mir eine Freude, zu sehen, wie exzellent sie ihren Job machte und mit ihren Teams performte. Sie berichtete mir immer wieder mal, dass ihr Partner und ihr gesamtes privates Umfeld sie häufig dazu drängen würde, mein Unternehmen zu verlassen und in einem Größeren eine noch steilere Karriere zu machen. Sie setzten sie regelrecht unter Druck. »Du kannst doch noch viel mehr erreichen und natürlich auch mehr verdienen«, war die typische Argumentation, mit der sie freundschaftlich bearbeitet wurde. Irgendwann auf einem unserer Führungskräfte-Treffen erzählte sie uns, dass sie jetzt endlich die Lösung gegen die Einflussnahme durch ihre Freunde gefunden hätte. Auf unsere neugierige Nachfrage offenbarte sie uns diesen alles aussagenden und entscheidenden Satz, mit dem sie ihr Umfeld endlich zum Schweigen gebracht hatte:

»Was wollt ihr alle von mir? Ich bin doch schon glücklich!«

So simpel, wie es sich hier anhört, ist es auch:

Menschen, die in ihrem Unternehmen eine große Zufriedenheit haben, binden sich gerne an ihr Unternehmen. !

Eine starke Mitarbeiterbindung ist dann das logische Ergebnis.

Es braucht nicht mehr die Grippe des Nachbarn

Zufriedenheit im Beruf führt auch dazu, dass die Menschen gerne dorthin gehen. Sie gehen ja nicht ausschließlich zur Arbeit, um eine Tätigkeit zu verrichten, für die sie entlohnt werden. Sie erleben Arbeit als sinnvollen Teil ihres sozialen Lebens. Man fühlt sich eingebunden in eine Gemeinschaft und empfindet das Arbeiten als gesellschaftlichen Beitrag. Wenn dies in einem guten Arbeitsverhältnis der Fall ist, kommt niemand auf die Idee, die Grippe des Nachbarn für sich als Rechtfertigung zu nutzen, um sich krankzumelden.

Wer in seinem Job glücklich ist, braucht keine Ausreden, um nicht zu kommen, sondern er kommt (gerne) zur Arbeit. !

Hoch konzentriert

Fehler geschehen seltener bei Mitarbeitenden, die ihre Sache zufrieden, konzentriert und schlicht und ergreifend gerne machen. Das Gernemachen indiziert auch immer ein Gutmachen. Im dritten Kapitel werden Sie sehen, dass man Gernemachen mit Jobglück gleichsetzen kann. Wenn jemand sein Jobglück findet, macht er oder sie den Job gut. Wenn dennoch Fehler geschehen, sind sie nicht aus mangelnder Motivation, schlechter Laune oder Verantwortungslosigkeit entstanden. Und in jedem Fall sind sie viel seltener und verursachen erheblich weniger Schaden, als wenn die Mitarbeitenden unzufrieden ihrer Tätigkeit nachgehen.

Jobglück bedeutet Gernemachen und das bewirkt ein Gutmachen.

Sprühen vor Energie

Sie kennen das vielleicht oder haben sicherlich davon schon einmal gehört, wenn Vertriebsteams hoch motiviert Vollgas geben. Die Kennzeichen sind immer gleich: Alle sind gut drauf, strahlen, sprühen vor Energie und (Verkaufs-)Tatendrang. Das Gegenteil von dem, was Sie vorhin gelesen haben, als herauskam, dass unerfolgreicher Vertrieb immer etwas mit der Unzufriedenheit der Mitarbeitenden zu tun hat.

Und stellen Sie sich bitte jetzt einmal vor, wie Sie als Kunde morgens bei ihrem Lieferanten anrufen und der Mitarbeitende des Innendiensts Ihnen ein fröhliches »Guten Morgen« entgegenzwitschert und mit jeder Faser seines Körpers, besser gesagt auf der Tonspur, signalisiert, dass er für Sie da ist. Dass Sie sich dabei auch gut fühlen, wird Sie nicht wundern. Aber dass dadurch Ihr Problem vielleicht schon ein bisschen kleiner geworden ist, bevor Sie es dem Innendienstmitarbeiter vorgelegt haben, das wird sie vielleicht doch wundern. Aber so ist es.

Die Zufriedenheit eines Mitarbeitenden wirkt magisch auf den Umsatz und die Stimmung seines Kunden.

1.3 Die wirtschaftliche Seite beider Symptomwelten

Ich hoffe, es geht Ihnen wie mir, und Sie erkennen, wie eklatant die Unterschiede der Symptomwelten sind. Schauen wir weiter, was diese gegenteiligen Unternehmenswelten für wirtschaftliche Konsequenzen erleben.

Unglücklich und garantiert weniger erfolgreich

In den ungesunden, sprich unglücklichen Unternehmen kündigen viel mehr Mitarbeitende, als es gut für ein Unternehmen ist. Bei Vortragsveranstaltungen rechne ich mit dem Publikum gerne aus, was es wirtschaftlich bedeutet, einen Mitarbeitenden zu verlieren und einen Neuen dafür zu finden, einzustellen und einzuarbeiten. Der Einfachheit halber lassen wir den Schaden unberücksichtigt, der häufig schon vor der Kündigung entsteht, wenn der Mitarbeitende auf Dienst nach Vorschrift seine Leistung verringert und eventuell sogar seine Teamkollegen motiviert, es ihm gleichzutun.

Nehmen wir nur mal die Kosten für die Suche, das Bewerbungsverfahren, das Einstellungsprozedere, das Onboarding und die Einarbeitung durch Mitarbeitende. Das kann sich über Wochen und Monate hinziehen. Das Publikum schätzt dann die Kosten in Form der Anzahl an Monatsgehältern. Je nach Zusammensetzung des Publikums werden Werte zwischen drei und zwölf Monatsgehältern genannt. Dieser Faktor wird dann mit der Anzahl der letzten Kündigungen multipliziert, und schon sehe ich in den ersten Gesichtern meiner Zuschauer die Falten entstehen. Die meisten sind überrascht. Es ist ein viel größerer finanzieller Schaden, als sie sich zuvor vorgestellt hatten.

Kündigungen und Neueinstellungen verursachen einen viel größeren Schaden, als die meisten Führungskräfte wahrhaben wollen! !

Bezüglich der zu hohen Krankenstände rechnen wir genauso, und hier ist der finanzielle Schaden teilweise noch erheblicher. Ein noch viel größerer wirtschaftlicher Schaden entsteht den ungesunden

Unternehmen durch ihre unglücklichen und unmotivierten Vertriebsmannschaften. Sie generieren bei Weitem nicht den Umsatz, der möglich wäre. Auch diese Zahlen lasse ich von den Hörern meiner Vorträge schätzen, und während jeder Einzelne in Gedanken vor sich hin rechnet, kann ich beobachten, wie der eine oder die andere erbleicht. Jetzt wird Ihnen vielleicht das Ausmaß meiner Aussage deutlich:

Die Menschen sind zu unglücklich, um ihr Unternehmen erfolgreich zu machen.

Kurz gesagt: Sie sind zu unglücklich, um erfolgreich zu sein.

Der Turboschalter Jobglück

Wenn wir uns nun die Frage stellen, wie hoch der wirtschaftliche Erfolg in den Unternehmen sein wird, die die Zufriedenheit als Ursache und entsprechende Symptome als Ergebnis haben, dann ist es sicherlich keine Raketenerkenntnis. Die Antwort lautet: hoch! Und in jedem Fall viel höher, als in den unglücklichen Unternehmen. Zufriedenheit hat offensichtlich eine immense Wirkung auf den Erfolg. Ich würde es sogar noch deutlicher formulieren:

Mit Jobglück wird Erfolg ein logisches Ergebnis.

Das mag sich für Sie vielleicht etwas überspitzt formuliert anhören und aus Ihrer Sicht dem Jobglück eine zu große Relevanz geben. Aber seien Sie versichert: Die Zufriedenheit im Job macht sehr viel aus! Die wissenschaftlichen Beweise für diesen Wirkungsmechanismus liefere ich Ihnen im dritten Kapitel. Dort werden wir uns auch genauer ansehen, was das Jobglück im Einzelnen ausmacht.

1.4 Eine Variable verändert die Symptome

In diesem Kapitel haben wir die Top 5 der größten Herausforderungen, die Führungskräfte mit ihren Mitarbeitenden haben, unter die Lupe genommen. Sie standen exemplarisch für all die Herausforderungen, unter denen in der heutigen Zeit Führungskräfte und Geschäftsführungen mehrheitlich leiden.

Und was stellt sich heraus? Alle Symptome haben im Wesentlichen dieselbe Ursache: eine zu ausgeprägte Unzufriedenheit der Mitarbeitenden. Umgekehrt wurde klar: Wenn die Ursache die Zufriedenheit der Mitarbeitenden ist, entsteht eine diametral andere, viel erfolgreichere Symptomlage, sprich Unternehmenswelt.

Die erste Erkenntnis auf unserer Reise in die Zukunft der Arbeitswelt kann also so formuliert werden:

1. Erkenntnis: Zwischen den beiden Unternehmenswelten herrschen gigantische Unterschiede in wesentlichen Aspekten eines Unternehmens wie:

1. **in der Stärke der Mitarbeiterbindung,**
2. **in der Leistungsbereitschaft der Mitarbeitenden und**
3. **im wirtschaftlichen Erfolg des Unternehmens.**

Und diese riesigen Unterschiede basieren auf der Tatsache, dass nur eine einzige Variable verändert wurde: die Unzufriedenheit der Mitarbeitenden wurde durch Zufriedenheit ersetzt.

Und so drängt sich eine weitere, unsere zweite Erkenntnis auf:

2. Erkenntnis: Wenn in Zukunft Unternehmen, ihre belastenden und ertragsmindernden Herausforderungen lösen wollen, muss die Lösung etwas mit der Zufriedenheit der Mitarbeitenden zu tun haben.

2. Die Perspektive der Unternehmen: drei Brandherde mit Brandbeschleuniger

Wenn wir ein Bild von der Zukunft der Unternehmen entwickeln wollen, müssen wir einen Eindruck darüber gewinnen, wie sich die Menschen in ihren Unternehmen zukünftig verhalten und gegebenenfalls verändern werden. Auch brauchen wir eine klare Vorstellung davon, was diejenigen wollen, die gerade erst in die Arbeitswelt eingestiegen sind oder zukünftig einsteigen werden. Dabei sollten wir uns bewusst machen, dass es hierbei keinesfalls nur um die Mitarbeitenden geht, sondern natürlich auch um alle Führungskräfte.

Die zentrale Frage ist: Wie verhalten sich in der Zukunft die Beteiligten vor dem Hintergrund der in der Einführung beschriebenen riesigen Herausforderungen der Unternehmen und ihrer deprimierenden Symptomlage? Bleiben die Symptome, oder wird es noch schlimmer?

Beantworten werden wir diese Fragen, indem wir drei Aspekte genauer unter die Lupe nehmen. Diese werden sich allesamt als Brandherde für die Unternehmen erweisen: Wir schauen erstens, wie sich die »älteren« Generationen der Babyboomer und der Generation X in Zukunft perspektivisch verhalten werden. Zweitens betrachten wir das Verhalten der jungen Generationen Y und Z. Und schließlich untersuchen wir, drittens, einen Aspekt, der Ihnen sicherlich schon bekannt ist, aber sich noch viel mehr als Brandbeschleuniger für die Symptomvergrößerung erweisen wird, als viele sich das bisher bewusst gemacht haben.

2.1 Was machen Babyboomer und die Generation X?

Wo die Generation der Babyboomer (Jahrgang 1946–1965) und die Generation X (Jahrgang 1965–1980) mehrheitlich stehen, konnten Sie schon in der Einführung lesen. Durch Studien, die den Zusammenhang von Zufriedenheit und Arbeit untersuchten, wird klar: Sowohl Mitarbeitende als auch Führungskräfte sind mehrheitlich bei der Arbeit unzufrieden und empfinden sie als stressig, kräftezehrend oder einfach nur nervig. Alle haben zwanzig bis vierzig Jahre Arbeit auf dem Buckel. In den Kategorien der Organisationsentwicklung ausgedrückt, hört sich das Ergebnis so an:

In Organisationen mit konformistischer Weltsicht sind über die Jahrzehnte die Hierarchien und Prozesse durch komplexe Regelwerke kompliziert, überverwaltet und rigide geworden. Die Mitarbeitenden einer meiner Kunden, eine Landesbehörde, bezeichneten diesen Zustand diplomatisch als »bestandsorientiert«. Hinter den Kulissen konnte ich über alle Hierarchieebenen hinweg die tiefe Frustration und Demotivation erleben, die so ein starres hierarchiegeprägtes System verursacht.

Die modernen leistungsorientierten Unternehmenswelten sind hingegen über die letzten Jahrzehnte maximal ausgereizt worden. Früher hieß es »Reorganisation«, dann »Change«. Jetzt jagt ein Change-Prozess den nächsten. Abläufe und Strukturen werden permanent perfektioniert, sodass in vielen Unternehmen der Mensch als Zahnrad mit Artikelbezeichnung, sprich Personalnummer, zwar als Humanressource gesehen wird, aber dennoch einfach nur zu funktionieren hat. Die Menschen dieser Organisationen fühlen sich gehetzt und gestresst. Sie leiden.

In den hierarchiegetriebenen statischen Organisationen hingegen fühlen sie sich eher von der Starre drangsaliert, sind demotiviert und vor allem auch desillusioniert. Jegliche Begeisterung für Arbeit und gute Laune ist über die Jahrzehnte in beiden Unternehmenswelten abhandengekommen.

Kurz gesagt: Die Babyboomer und »Xler« sind mehrheitlich von Arbeit genervt und unzufrieden. Ein nennenswerter Teil in dieser Gruppe versucht nur noch durchzukommen. Durchzuhalten bis zum Feierabend, bis zum Wochenende, bis zum Urlaub und bis zur Rente, darum geht es. Einige von ihnen betreiben nur noch Dienst nach Vorschrift. Andere retten sich in die Altersteilzeit oder Frühpensionierung.

Die Unzufriedenheit der Generationen Babyboomer und X ist zu groß, sodass viele von ihnen ein großes Engagement nicht mehr in Betracht ziehen. !

Bitte verstehen Sie mich nicht falsch. Diese beiden Generationen sollen hier nicht pauschal als unzufrieden und unmotiviert dastehen. Natürlich gibt es immer noch hoch motivierte Mitarbeitende und Führungskräfte dieser Altersgruppen. Aber in diesem Kapitel stellen wir uns die Frage, was sich und wie es sich verändern wird. Und bezüglich der Generation der Babyboomer und X können wir Folgendes konstatieren:

Sowohl die konformistischen als auch die modernen leistungsorientierten Unternehmen, in denen der Großteil der arbeitenden Bevölkerung beschäftigt ist, kommen schon seit geraumer Zeit nicht mehr an die Potenziale ihrer Mitarbeitenden heran.

Wir haben den wirtschaftlichen Schaden im letzten Kapitel anhand der Symptome grob überschlagen können. Wir müssen uns also darüber klar werden, dass vor diesem Hintergrund diese Personengruppen ihre Leistungsbereitschaft nicht steigern, sondern eher noch verringern werden. Und genau dieser Trend wird sich verstärken. Das ist der erste Brandherd, den es bei einigen Unternehmen schon jetzt aber zumindest für alle Unternehmen in der Zukunft zu löschen gilt.

2.2 Was wollen die Generationen Y und Z?

Die kurze Antwort ist: Sie wollen mehr, mehr als die Babyboomer und Generation X jemals wollten. Die Generationen der Babyboomer und X wurden mehrheitlich historisch bedingt stark mit dem Mindset geprägt: »Wir haben bei der Arbeit zu funktionieren, Arbeit ist kein Spaß.« Überspitzt gesagt könnte man sagen, dass diese Altersgruppen bezüglich Arbeit im wahrsten Sinne des Wortes »unglücklich programmiert« sind.[11]

In den konformistischen und leistungsorientierten Paradigmen ist die Botschaft omnipräsent: Mitarbeitende haben zu funktionieren. (Mindset des »Funktionieren-Müssens«)

Und nun sind mit der Generation Y (1981–1995) und der Generation Z (1996–2009) zwei Generationengruppen herangewachsen, die bezüglich Arbeit mehrheitlich nicht den »Funktionieren-Müssen«-Gedanken verinnerlicht haben. Sie haben dahingehend keine Prägung durch die Nachkriegszeit erhalten. Auch sind viele Bedürfnisse, um deren Befriedigung ihre Elterngenerationen noch hart arbeiten musste, für sie befriedigt.

[11] Warum Arbeit in unserer Gesellschaft einen so schlechten Stand hat und viele Menschen im wahrsten Sinne des Wortes diesbezüglich unglücklich programmiert sind, wird in Pothmann 2020, S. 54–56 und Pothmann 2019, S.26–65 erläutert.

Die Bedürfnisse der Generationen

Abraham Maslow hat Mitte des letzten Jahrhunderts herausgefunden, dass die Bedürfnisse, die einen Menschen antreiben und ihn motivieren, sie zu befriedigen, in einer Hierarchie zueinander stehen.[12] Er hat sie in der »Bedürfnispyramide« dargestellt, bei der in der untersten Ebene die Grundbedürfnisse wie Essen, Trinken, Schlafen, also Bedürfnisse des Überlebens angeordnet sind. Sobald diese größtenteils erfüllt sind, treten die Bedürfnisse der nächsten Ebene, der materiellen und beruflichen Sicherheit in den Blick und motivieren den Menschen, diese zu befriedigen. Sind auch diese Bedürfnisse im Wesentlichen befriedigt, strebt er auf der nächsten Ebene soziale Ziele wie Freundschaften und Gruppenzugehörigkeit an.

Fühlt sich der Mensch genügend sozial eingebunden, erscheinen die Individualbedürfnisse, die »Ich-Bedürfnisse« auf seinem Bedürfnisradar. Jetzt entsteht vermehrt der Wunsch nach Wertschätzung und Anerkennung, Vertrauen, Erfolg und Unabhängigkeit. Ab dieser Ebene handelt es sich nicht mehr um Defizit-, sondern um Wachstumsbedürfnisse. Die oberste Ebene, die Stufe der Selbstverwirklichung, ist dann geprägt vom Bedürfnis, sich in seiner Persönlichkeit und seinen Fähigkeiten weiterzuentwickeln, seine Talente und Potenziale zu entfalten und seinen Anlagen entsprechend auszuschöpfen.

Arbeitszeit wird zur kostbaren Lebenszeit

Viele der Nachkriegsgenerationen, die Babyboomer und selbst Teile der Generation X haben erlebt, wie sie von den Bedürfnissen der unteren drei Ebenen angetrieben wurden. Bedürfnisse wie die der Selbstverwirklichung am Arbeitsplatz erschienen den meisten noch nicht auf ihrem Radar. Dies ändert sich fundamental mit der

[12] Vgl. Maslow 1992. Eine kurze Einführung finden sie auch in Pothmann 2021b, S. 9–15. Im Hinblick auf die Bedürfnisse von Mitarbeitern im Unternehmen hat Clayton Alderfer 1972 die Bedürfnishierarchie von Abraham Maslow weiterentwickelt.

Generation Y und insbesondere mit der Generation Z. Für sie erscheinen alle Grundbedürfnisse befriedigt, sodass die Wachstumsbedürfnisse in den Fokus treten.

Wertschätzung und Anerkennung nicht nur im Privaten, sondern auch durch Arbeit zu erhalten wird zur Mindestanforderung. Die Befriedigung der Bedürfnisse auf der höchsten Ebene, der Selbstverwirklichung sind der (neue) Anspruch. Die »Ypsiloner« (Generation Y) und »Zler« (Generation Z) pochen auf ein hohes Maß an Individualität und Selbstentfaltung sowie auf die Freiheit, ihre Potenziale zu entwickeln. Sie wollen im Leben glücklich sein. Diesen Anspruch erheben sie, und das ist vor dem Hintergrund ihrer Bedürfnisstruktur nicht verwunderlich. Arbeitszeit wollen sie als sinnvollen und glücklichen Teil ihrer Lebenszeit erleben. Wenn man bedenkt, dass die älteren Generationen Arbeit als große Belastung ansahen, dass diese Last im Privaten einen Ausgleich benötigte (daraus entstand das Konzept der Work-Life-Balance), dann bedeutet der Anspruch der jüngeren Generationen qualitativ eine 180-Grad-Wende in der Betrachtung von Arbeitszeit.[13]

Die Generationen Y und Z erheben mehrheitlich den Anspruch Arbeitszeit als sinnvollen und glücklichen Teil ihres Lebens zu erleben. !

Stellen Sie sich bitte einmal folgende Situation vor: Da treffen Sie als erfahrene Führungskraft mit der Überzeugung des »Funktionieren-Müssens« – und mit einem entsprechenden hierarchischem oder leistungsorientierten Rollenverständnis – im Bewerbungsgespräch auf

[13] Neben dem höheren Anspruch, auch Arbeitszeit als ausbalancierten Lebensbereich zu erleben, identifiziert die Zukunftsforschung eine weitere Realisationsform dieses (neuen) Anspruchs. Statt einer perfekten Aufteilung der Zeit zwischen Job und Freizeit heißt das neue Lebensmotto »Work-Life-Blending«: Ein fließender Übergang zwischen Arbeits- und Privatleben ermöglicht den Arbeitnehmern, flexibel auf private Umstände zu reagieren, selbstbestimmt zu arbeiten und damit produktiver zu sein. Vgl. Zukunftsinstitut 2023.

einen jungen Menschen, der Ihnen von seinem Anspruch auf Potenzialentfaltung und Zufriedenheit mit der Arbeit erzählt.

Na, wie wirkt dieses Verhalten auf Sie? Wie finden Sie als möglicher künftiger Vorgesetzter diese Haltung? Mich wundert es nicht, dass ich viele Führungskräfte erlebe, die über deren Haltung fassungslos sind. Wie sie sich über die aus ihrer Sicht absurden Ansprüche und Forderungen ärgern und zu dem Schluss kommen, dass diese jungen Menschen alle keine Lust auf Arbeit haben.

Aber ich kann sie beruhigen:

Auch die jungen Menschen haben Lust auf Arbeit, nur eben fundamental anders: glücklicher!

Im Kontext von Arbeit ist deren Bedürfnis eine Zufriedenheit auch während ihrer Arbeitszeit, also Jobglück. Wir müssen uns bewusst machen, dass der Anspruch junger Menschen an Arbeit, Zusammenarbeit, Führung, Führungskräfte, Strukturen und Hierarchien überhaupt nicht zu den Paradigmen passt, die die meisten Organisationen heutzutage noch prägen. Deshalb fangen sie in ungesunden, sprich unglücklichen Unternehmen mit ihren deprimierenden Symptomlagen erst gar nicht an. Sie verweigern sich, was den zweiten Brandherd für die Unternehmen in Zukunft bedeutet.

Und es kommt noch schlimmer: Studien bestätigen eindrucksvoll, dass diese jungen Generationen ihre Ansprüche nicht nur theoretisch einfordern, sondern bei Nichterfüllung das Unternehmen zeitnah verlassen. Die Wechselbereitschaft der Jungen ist erheblich größer als bei den älteren Generationen.[14]

---

[14] Vgl. XING-Studie 2023.

Denken die jungen Generationen denn so falsch?

Natürlich ist es viel leichter sich auf den Standpunkt zu stellen, dass die alle faul sind und mit ihrer Haltung falsch liegen. Man könnte aber auch argumentieren, dass deren Anspruch der einzig richtige ist. Wer hat uns denn eingeredet, dass Arbeit schrecklich sein muss? Wie kommen wir zu der Überzeugung, dass Arbeit immer Maloche bedeutet und in der Freizeit ausgeglichen werden muss? Historisch bedingt gibt es dafür viele plausible Erklärungen.[15] Aber sie müssen nicht die Rechtfertigungen für die Zukunft sein, damit alles so unbefriedigend bleibt, wie es ist. Sie ahnen es vielleicht: Die jungen Generationen werden uns helfen, aus den destruktiven Paradigmen herauszukommen. Aber dazu später mehr. Fassen wir mal zusammen:

Die Babyboomer und Xler klinken sich immer mehr aus ihrem unbefriedigenden Arbeitsleben aus, und die jungen Generationen steigen zu solch unglücklichen Bedingungen erst gar nicht ein. !

2.3 Angebot und Nachfrage: Brandbeschleunigung

Wenn es darum geht, zu verstehen, wie sich das Verhalten der Menschen in den Unternehmen in der Zukunft verändern wird, kommen wir nicht umhin, uns die demografische Entwicklung in unserem Land vor Augen zu führen. In diesem Zusammenhang ist die Veränderung der Angebotssituation am Arbeitsmarkt ein wesentlicher Einflussfaktor:

[15] Eine Übersicht der Erklärungen, warum viele Menschen zu dieser Überzeugung gekommen sind, finden sie in Pothmann 2019, S. 26–65.

»Im Jahr 2018 waren in Deutschland 51,8 Millionen Menschen im erwerbsfähigen Alter zwischen 20 und 66 Jahren. Bis zum Jahr 2035 wird die erwerbsfähige Bevölkerung um rund 4 bis 6 Millionen auf 45,8 bis 47,4 Millionen schrumpfen.«[16]

Das Institut für Arbeitsmarkt- und Berufsforschung[17] betitelt ihren Kurzbericht[18] mit »Demographische Entwicklung lässt das Arbeitskräfteangebot stark schrumpfen.«

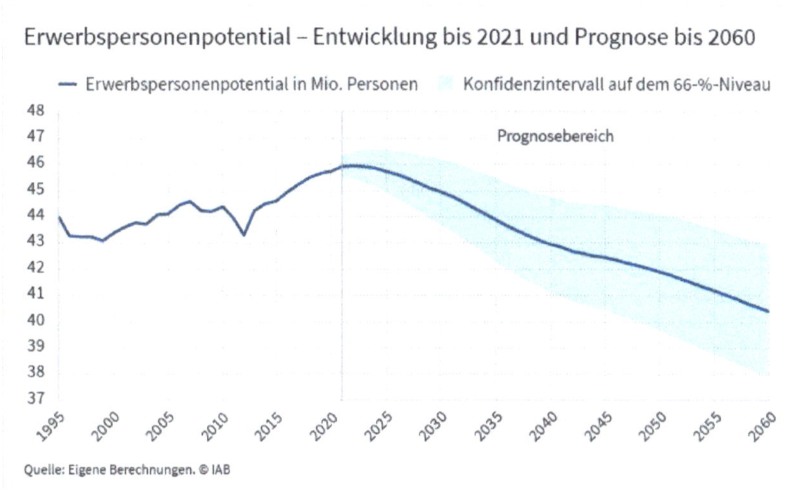

Abb. 1: Quelle: Institut für Arbeitsmarkt- und Berufsforschung, IAB-Kurzbericht 25/21, Fuchs, Söhnlein und Weber 2021.

---

[16] Vgl. Statistisches Bundesamt 2019 und Institut für Arbeitsmarkt- und Berufsforschung 2023.

[17] Es handelt sich hierbei um die Forschungseinrichtung der Bundesagentur für Arbeit.

[18] Fuchs, Söhnlein und Weber 2021, S. 1.

In diesem Bericht beziffert das IAB die Verringerung des Erwerbspersonenpotenzials in Deutschland sogar auf 7,2 Millionen bis zum Jahr 2035.[19] Die Auswirkungen für die Unternehmen liegen auf der Hand und sind uns seit Jahren unter dem Stichwort »Fachkräftemangel« hinlänglich bekannt. Aber, und deshalb bringe ich diese Thematik hier an:

Bitte machen Sie sich bewusst, dass viele Unternehmen seit Jahren über Fachkräftemangel klagen. Und nun werfen Sie bitte einen Blick auf die in Abbildung 1 dargestellte Kurve. Sie können sehen, dass obwohl wir seit Jahren über den Mangel klagen, die Kurve noch weiter angestiegen ist. Sie beginnt erst jetzt zu sinken. Jetzt erst beginnt das Problem des Mangels. Wenn wir also bis heute dachten, wir hätten Fachkräftemangel, dann werden wir in nächster Zukunft erst richtig spüren, was wirklicher Rückgang bedeutet und wie heftig er wird. Sie sehen, es wird noch viel schlimmer! Es werden zukünftig noch viel weniger Menschen für Mitarbeit zur Verfügung stehen. Mit anderen Worten: Das Problem des Fachkräftemangels beginnt jetzt erst und bedeutet in Zukunft den dritten Brandherd für die Unternehmen.

Machen Sie sich bitte Folgendes bewusst:

Der wirkliche »War of Talents« beginnt erst jetzt und findet über die Branchengrenzen hinweg in allen Unternehmen jeder Größenordnung statt! !

Und nun lassen Sie uns über die Brandbeschleuniger sprechen, über den marktwirtschaftlichen Reflex der Menschen aufgrund der Angebotsverschiebung. Die Generation Y und erst recht die Generation Z sind mit der Begrifflichkeit »Fachkräftemangel« großgeworden. Wegen dieses Dauerthemas in den Medien haben die jungen Menschen

---

[19] Vgl. Fuchs, Söhnlein und Weber 2021, S. 4.

ein ganz anderes Selbstverständnis entwickeln können. Sie haben gelernt, dass sie eine »knappe Ressource« sind. Sie wissen, dass die Unternehmen riesige Abteilungen aufbauen und Programme auflegen, um sich bei ihnen zu bewerben. Ja, kaum zu glauben, aber einige Bewerbende sehen das Unternehmen als Bewerber an. Sie können sich relativ sicher sein, ihre Anforderungen durchsetzen zu können. Bezüglich der Verhandlungspositionen erleben wir auch in diesem Aspekt eine 180-Grad-Wendung.

Und was machen die älteren Generationen? Auch sie erkennen ihren gestiegenen Marktwert und verhalten sich entsprechend: Ihr Anspruch steigt! Sie geben sich nicht mehr, so wie früher vielleicht, bereitwillig mit dem zufrieden, was sie im Rahmen eines konformistischen oder modern leistungsorientierten Paradigmas erleben. Auch sie wollen jetzt mehr! Auch sie wollen eine größere Chance darauf, ihrer Arbeit glücklicher nachgehen zu können.

Die Brandbeschleunigung: Die Unternehmen werden mit den signifikant steigenden Ansprüchen ihrer Mitarbeitenden und Bewerbenden konfrontiert. !

2.4 Was, wenn die Unternehmen nichts ändern?

In der Einführung habe ich Ihnen aus dem Bereich der Organisationsentwicklung Unternehmenswelten beschrieben, die sich in ihren Paradigmen, also in ihrer Weltsicht, fundamental unterscheiden. Im ersten Kapitel konnten Sie sehen, welchen immensen Schaden die Symptome in den Unternehmen verursachen, die in konformistischen und modernen leistungsorientierten Organisationen heutzutage typischerweise entstehen.

Um die Frage zu beantworten, wie die Perspektive der Unternehmen in der Zukunft ist, haben wir drei wesentliche Brandherde identifiziert:

Der Erste war der, wie sich die Generationen verhalten werden, die schon sehr lange in den die Arbeitswelt bestimmenden konformistischen und modernen leistungsorientierten Organisationen arbeiten. Und die Antwort ist eindeutig: Die Unzufriedenheit ist so groß, dass viele dieser Generationen großes Engagement nicht mehr in Betracht ziehen. Sie sind einfach zu unglücklich mit dem, was sie täglich erleben, bekommen und erfahren. Die Unternehmen werden gezwungen, sich für diese Personengruppe etwas Grundlegendes einfallen zu lassen, um sie wieder zu engagierter Arbeit zu bewegen.

Die Unternehmen, die ablehnen, der Zufriedenheit ihrer Mitarbeitenden mehr Aufmerksamkeit zu geben, werden in Zukunft von ihnen abgelehnt. !

Der zweite Aspekt unserer Analyse war die Betrachtung der Bedürfnisse der Generationen Y und Z. Sie erheben den Anspruch, Arbeitszeit als sinnvollen und glücklichen Teil ihrer Lebenszeit zu erleben. Sie versperren sich nicht vor der Arbeit. Aber sie wollen sie fundamental anders erleben, nämlich glücklicher. Und das mit großer Konsequenz. Der Arbeitgeber, der das nicht liefert, bekommt die Kündigung. Wir stellten fest, dass dies bezüglich der Sicht auf die Arbeitswelt eine 180-Grad-Wendung ist. Unternehmen, die diese Kurve nicht nehmen, also diesen Brandherd nicht löschen, werden die jungen Generationen nicht gewinnen beziehungsweise sie nicht dauerhaft an sich binden können.

Natürlich ist dies nur eine pauschale und grob klassifizierte Betrachtung der Menschen im Arbeitsleben. Selbst die Abgrenzung der Generationen ist nicht immer treffsicher und teilweise umstrittenen. Hier geht es allerdings auch nur um die Entwicklungstendenzen. Und die sind anhand der Generationen, wie ich finde, sehr gut zu erkennen und zu beschreiben.

Durch den dritten Brandherd, die Verschiebung der Markt- und Machtverhältnisse am Arbeitsmarkt zugunsten aller Mitarbeitenden, sollte uns endgültig klar geworden sein: Wenn die Unternehmen in Sachen Zusammenarbeit und Führung so weitermachen wie bisher, gibt es nur eine Perspektive. Und auch wenn sich das für Sie jetzt trivial anhört, ist die dritte Erkenntnis Folgende:

3. Erkenntnis: Die Perspektive: Es wird schlimmer – wir müssen also Zusammenarbeit und Führung fundamental neu denken.

Es wird eng für alle Unternehmen. Die Brände durch den Ausstieg und die Verweigerung der älteren und den Nichteinstieg der jungen Generationen, bedeuten in den Unternehmen Feueralarm. Die Verschiebung von Angebot und Nachfrage am Arbeitsmarkt bedeutet den dritten Brandherd, der durch den Brandbeschleuniger, den marktwirtschaftlichen Reflex der Mitarbeitenden und Bewerbenden verstärkt wird. Das kann sich zum Inferno für Unternehmen entwickeln. Unternehmen werden deshalb nicht mehr die Wahl haben. Wenn sie so weitermachen wie bisher, werden sie noch erheblich mehr und schlimmere Symptome erleben. Diese werden durch Schmerzen auf sich aufmerksam machen und das multiple Krankheitsbild verschlimmern.

An den etablierten Paradigmen festzuhalten ist für Unternehmen im wahrsten Sinne des Wortes, lebensgefährlich. !

Einstein hat es, wie so häufig, auf den Punkt gebracht:

»Die reinste Form des Wahnsinns ist es, alles beim Alten zu lassen und gleichzeitig zu hoffen, dass sich etwas ändert [verbessert].«

Was das alte Denken ist bzw. was die alten, in unserer Arbeitswelt noch sehr verbreiteten Paradigmen sind, das haben wir verstanden. Und wonach die Menschen wie noch nie lechzen, sollte immer klarer werden: Sie alle streben nach mehr Zufriedenheit im Beruf, sowohl die älteren Generationen und erst recht die jungen. Sie alle wollen Arbeit glücklicher erleben. Was unter diesem »glücklicher erleben«, also Jobglück genau zu verstehen ist, erläutere ich Ihnen im nächsten Kapitel. Zunächst müssen wir festhalten:

Die Zufriedenheit der Menschen, wird zur Achillessehne jedes Unternehmens. !

Sie streben heutzutage mehr denn je danach, Arbeitszeit glücklicher zu erleben. Deshalb gilt: Menschen werden in Zukunft nur bereit sein, ihr Unternehmen erfolgreich zu machen, wenn sie selbst dabei eine Chance auf Jobglück haben. Jobglück ist der Schlüssel. Es wird zur zentralen Zielgröße für unternehmerisches Handeln werden <u>müssen</u>.

Deshalb ist die vierte Erkenntnis:

4. Erkenntnis: Das Jobglück der Menschen wird zum Generalschlüssel, um die Herausforderungen zu lösen, unter denen die meisten Unternehmen heute und erst recht in Zukunft leiden.

Anders gesagt:

Das Jobglück der Menschen wird zum Generalschlüssel für starke Mitarbeiterbindung und zukünftigen Erfolg.

Was unter Jobglück zu verstehen ist und welche Wirkungsmechanismen es auslöst, das erfahren Sie im nächsten Kapitel.

3. Der Türöffner: der Generalschlüssel für die Zukunft der Unternehmen

Sollten Sie, verehrte Leserinnen, geschätzte Leser, das Paradigma des Konformismus oder die Weltsicht der leistungsorientierten Moderne verinnerlicht haben, wäre es jetzt nicht verwunderlich, wenn Sie mit der Thematik Jobglück noch ein Störgefühl verbinden und wenn sich ein innerer Widerstand einstellt. Zu nahe liegend ist die Sorge darüber, in diesem Buch damit konfrontiert zu werden, in Zukunft seine Leute tagtäglich von morgens bis abends auch noch glücklich machen zu müssen. Sie haben schließlich schon genug Stress. Ich kann Sie beruhigen, die Lösung besteht nicht darin, dass Unternehmen und Führungskräfte die Belegschaft dauerbespaßen oder verhätscheln.

Bleiben Sie bitte offen für die Zukunft der Unternehmen. Wir sind erst auf dem Weg zur fünften von zehn Erkenntnissen. In diesem Kapitel klären wir, worum es sich beim Generalschlüssel für die Zukunft der Unternehmen handelt. Sie lesen, wie wir Menschen die Entscheidung über unser Jobglück und -unglück treffen. Außerdem erfahren Sie etwas über die Aspekte, die auf das individuelle Jobglück Einfluss nehmen, welche machtvolle Wirkung es auf die Arbeit hat und wer es beeinflussen kann. Starten wir zunächst mit der Frage, was unter Jobglück zu verstehen ist.

3.1 Gernemachen: Huch, wir sprechen über Gefühle

Um Jobglück kurz und knackig zu beschreiben, kann man es so ausdrücken:

Jobglück bedeutet Gernemachen!

Da geht jemand gerne seiner Tätigkeit nach beziehungsweise fühlt sich im Team, mit der Führungskraft und mit den Rahmenbedingungen wohl. Er ist zufrieden mit dem, was er im Zusammenhang von Arbeit erlebt, erhält und erfährt.

Vielleicht denken Sie jetzt, dass »Gernemachen« ein sperriges Wort ist. Ich habe es absichtlich ausgewählt, denn es beinhaltetet beide wesentlichen Elemente, wenn es um die Zufriedenheit im Zusammenhang von Arbeit geht. Es ist die Kombination aus »gerne« und »machen«, aus dem Aspekt der Zufriedenheit und dem, etwas zu bewirken. Es reicht nämlich im Job nicht aus, sich einfach nur pudelwohl zu fühlen, aber mit Arbeit nichts im Sinn zu haben. Arbeit muss auch immer etwas mit einer Leistungserbringung zu tun haben. Das ist der Unterschied zum Privatleben.

Jobglück wirkt auch in die Freizeit hinein

Jobglück bedeutet die im Kontext von Arbeit empfundene Zufriedenheit mit und bei der beruflichen Tätigkeit. Es beinhaltet den Gedanken des Flow-Gefühls bei der Tätigkeit, wie es Mihaly Csikszentmihalyi (1934–2021) beschrieben hat. Es geht aber darüber hinaus. Es steht für ein ganzheitliches positives Gefühl, für die Art, wie der gesamte Arbeitsalltag empfunden wird, bis hin zum guten Gefühl, wenn man in der Freizeit an Arbeit denkt. Wer glücklich im Job ist, hat kein Störgefühl, wenn er oder sie am Sonntagmorgen beim Frühstück an die Arbeit denkt. Und den Schnupfen des Nachbarn als Ausrede benötigt man dann auch nicht.

Jobglück ist ein Gesamturteil

Selbst wenn einige Faktoren bei der Arbeit nicht perfekt sind oder man sich mal ärgert, muss nicht das Jobglück in Gefahr sein. Es geht um den Gesamteindruck. Es geht um die Frage, wie eine Person ihre Arbeit im Gesamtzusammenhang erfährt. Gilt das Arbeiten als schreckliche, energieraubende Zeit des Lebens und wird als Last und Ärgernis empfunden, die schon beim Gedanken daran ein schlechtes Gefühl verursacht? Oder stellt sich beim Gedanken an sie eher ein neutrales oder gutes Gefühl ein? Diese Erkenntnis ist für Führungskräfte wichtig zu wissen. Sie brauchen nicht die Sorge haben, dass bei dem kleinsten Unglücksfaktor die Zufriedenheit ihrer Mitarbeitenden sofort verloren geht.

Wie kommt es zu der Entscheidung über Jobglück oder -unglück?

Sie ahnen es sicherlich: Es gibt eine riesige Anzahl an Glücks- und Unglücksfaktoren, die auf die Zufriedenheit des Menschen Einfluss nehmen. Klar ist, dass kein Mensch in der Lage ist, diese Entscheidungsmatrix zu lösen. Es handelt sich um eine höchst individuelle Präferenzstruktur, bei der man zwar grob sagen kann, welche Glücksfaktoren einem eher wichtig sind, welche eher nicht und welche einen ins Unglück treiben. Aber mal näher betrachtet, sind wir nicht in der Lage all die Faktoren, die in unserem Unterbewusstsein auf unsere Zufriedenheit Einfluss nehmen zu überblicken, geschweige denn eine rationale Entscheidung darüber zu treffen. Kein Mitarbeiter kommt nach bewusstem Abwägen zu einem Ergebnis und sagt:

»Ich bin zu 67 Prozent zufrieden.«

Nein, dieser Entscheidungsprozess kann kein bewusster sein. Er findet, wie immer bei zu komplizierten geistigen Prozessen, im Unterbewusstsein statt und kann im Fall des Jobglücks im Ergebnis nur drei Zustände haben:

1. Zufriedenheit,
2. Unzufriedenheit oder
3. Indifferenz.

Am Ende des Prozesses entsteht ein Gefühl! Ein Gefühl, das natürlich auch außerhalb der Arbeit besteht. Jobglück entsteht dann, wenn das Unterbewusstsein des Mitarbeitenden nach Abwägung aller auf ihn einwirkenden Glücks- und Unglücksfaktoren zu dem Ergebnis, besser gesagt zu dem Gefühl kommt, zufrieden zu sein.

Jobglück bedeutet ein gutes Gefühl, sodass aus Arbeiten ein Gernemachen wird. !

Gernemachen impliziert, dass die Person im Kontext von Arbeit mehrheitlich Gutes erlebt, etwas bekommt und positive Erfahrungen macht. Dass sie also während der Arbeit im Zustand der Zufriedenheit bleiben kann. Ohne ein gutes Gefühl, ohne Zufriedenheit, gibt es kein Gernemachen. Wir haben weiter oben gesehen, wie die Unzufriedenheit der Menschen in den Unternehmen Frust und Leiden entstehen lässt und damit Krankheitssymptome die (Führungs-)Arbeit erschweren und Schaden verursachen. Wir reden über ein Gefühl, das in der konformistischen und leistungsorientierten Welt keine Kategorie ist. Es besitzt dort keine nennenswerte Relevanz. Die Menschen haben zu funktionieren. »Nicht gemeckert ist Lob genug«, ist die hier sehr verbreitete Devise. Das hat mit einem guten Gefühl und einem Fokus auf die Glücksfaktoren eines Mitarbeitenden nichts zu tun.

Muss Jobglück maximiert werden?

Glücklich ist nun mal glücklich. Ich hatte Ihnen im ersten Kapitel die Geschichte von meiner Mitarbeiterin erzählt, die von ihrem privaten Umfeld gedrängt wurde, bei mir zu kündigen. Sie tat es aber nicht. Sie war eben schon glücklich! »Mehr geht nicht«, war ihre Devise. Sie blieb weiterhin höchst motiviert in meinem Unternehmen.

Die gute Nachricht: Jobglück muss nicht maximiert werden.

Eine Führungskraft muss also keinesfalls tagein, tagaus alle Glücksfaktoren seines Mitarbeitenden maximieren und ihm alle Unglücksfaktoren vom Leibe halten. Es reicht, ihn beim Gernemachen zu unterstützen, sodass er gerne weitermacht. So einfach ist das.

3.2 Was macht Jobglück aus?

Im Folgenden stelle ich Ihnen die drei Aspekte vor, die auf das Jobglück im Wesentlichen Einfluss nehmen. Hier sind sie für einen Mitarbeitenden benannt. Sie gelten natürlich ebenso für Führungskräfte.

3.2.1 Die Haltung zum eigenen Jobglück

Es ist entscheidend, ob man sich das Jobglück für sich selbst überhaupt vorstellen kann. Wie ist die Haltung der Mitarbeiterin zur Arbeit im Allgemeinen? Kann der Mitarbeiter sich vorstellen, in seinem Job glücklich zu werden, oder ist seine Prägung derart, dass Arbeit sowieso schrecklich ist, ihn in seinem Leben stört, ihm Kraft raubt und daher verkürzt werden muss und ausschließlich der Erzielung von Einkünften dient? Hier zeigt sich, ob die Disposition des Mitarbeitenden und die gesellschaftlichen und familiären Prägungen einen guten

Nährboden für das Jobglück oder ein echtes Glückshemmnis bedeuten. Steht der Mitarbeitende sich mit seiner Haltung dabei selbst im Weg, oder erhebt er ganz im Gegenteil ernsthaft den Anspruch auf Glücklichsein bei der Arbeit und ist bereit, sich dafür auch einzusetzen und (Mit-)Verantwortung zu übernehmen?

3.2.2 Die Tätigkeit selbst

Hier ist nicht die Arbeit im Allgemeinen gemeint, sondern die Frage, ob die konkrete Tätigkeit zu einem Mitarbeitenden passt oder eben nicht. Ob sie ihm leichtfällt. Kann er in seinen Stärken agieren und brillieren, oder wird er dabei mit zu vielen seiner Schwächen konfrontiert und gebremst? Ist es eine Tätigkeit, bei der jeder sofort erkennt, dass sie ihm Freude bereitet, dass er in ihr aufgeht, statt unterzugehen? Die ihm nah ist, ihm leichtfällt oder einfach nur nervt und anstrengend ist? Kann er in ihr eine gewisse Erfüllung sehen, oder entspricht sie vielleicht sogar seiner Berufung?

3.2.3 Die Jobglück-Begleitfaktoren

Zu diesem Aspekt gehören all die Faktoren, die um die eigentliche Tätigkeit herum auf die Zufriedenheit einwirken. Wegen der Vielzahl an möglichen Glücks- und Unglücksfaktoren nehme ich eine Differenzierung in vier Bereiche vor:

a. **Die Rahmenbedingungen:** alle Bedingungen, die auf die Zufriedenheit eines Mitarbeitenden einwirken, unabhängig vom Verhalten beteiligter Personen wie etwa arbeitsvertragliche Bedingungen, Gehalt, Arbeitszeiten, Anzahl der Urlaubstage oder Arbeitszeitmodelle, der bezahlte Cappuccino, der unbequeme Schreibtischstuhl oder die langsame Datenleitung.

b. **Die Führung der Mitarbeitenden** (vertikale Verhaltens- und Beziehungsebene): die Art und Weise, wie die Führungskräfte, selbstredend auch die Geschäftsführungen, ihre Mitarbeitenden behandeln. Haben diese zu funktionieren? Werden sie Druck- und Machtgehabe ausgesetzt, um sie zur Zielerreichung zu motivieren? Oder bauen die Führungskräfte zu ihren Mitarbeitenden eine gute, auf gegenseitigem Vertrauen basierende Beziehung auf? Unterstützen sie sie beim Gernemachen und geben ihnen Anerkennung und Wertschätzung?

c. **Das Verhalten der Mitarbeitenden untereinander** (horizontale Verhaltens- und Beziehungsebene): die Art und Weise, wie die Mitarbeitenden auf derselben hierarchischen Ebene auf sich gegenseitig einwirken. Ist es ein auf gegenseitigem Respekt und Wertschätzung basierender Umgang, oder wird er ganz im Gegenteil eher von Neid, Missgunst, Eifersucht, Geringschätzigkeit oder Konkurrenz dominiert?

d. **Die Kultur und (Arbeits-)Lebensprinzipien im Unternehmen:** die Werte, an denen sich die Mehrheit der Beteiligten im Unternehmen orientiert. Sind die Umgangsweisen von Miteinander, Ehrlichkeit und Kooperation bestimmt, oder gelten eher die Prinzipien »Der Dreiste siegt« und »Der Ehrliche ist der Dumme«? Wie sind die Kultur und der gemeinsame Geist des Umgangs im Unternehmen?

3.3 Die Implikationen der Aspekte des Jobglücks

Wie schon erwähnt, haben die konformistischen und leistungsorientierten Unternehmenswelten das gute Gefühl ihrer Mitarbeitenden wenig auf dem Radar und ernten unzufriedene und unmotivierte Mitarbeitende. Aber selbst die Führungskräfte, denen das Jobglück ihrer Mitarbeitenden wichtig ist, stoßen bei einigen von ihnen an Grenzen – oder besser gesagt: Sie beißen auf Granit, denn einige Mitarbeitende werden trotz bester Behandlung einfach nicht zufrieden!

Um dies, die Konsequenzen und weitere Implikationen, die sich aus den drei Aspekten des Jobglücks ergeben, zu verstehen (Haltung, Tätigkeit, begleitende Faktoren), betrachten wir jetzt jeden einzelnen der drei Aspekte des Jobglücks genauer. Zudem ergründen wir, wer alles Einfluss auf das Jobglück eines Menschen hat und wer die Verantwortung dafür trägt. Sie können vielleicht bereits die Antwort erahnen, dennoch glaube ich, dass Sie das Ergebnis überraschen wird.

3.3.1 Die Macht der Haltung über das Jobglück

Die Erkenntnis, dass nicht alle Mitarbeitenden bei mir zufrieden werden, war für mich vor vielen Jahren, als ich mein Unternehmen gegründet hatte und diese Erfahrung machen musste, schwere Kost. Unser Anspruch war, dass jeder in unserem Unternehmen die Chance auf Jobglück hat. Wir haben viel dafür getan, hatten ein grandioses Klima und hoch motivierte Mitarbeitende. Dennoch gab es einige wenige, die einfach nicht glücklich wurden und in der Folge durch geringere Einsatzbereitschaft auffielen. Ich war enttäuscht und empört. Ich konnte das nicht verstehen.

Meine Enttäuschung über diesen Misserfolg schwand erst, als mir irgendwann klar wurde, lange bevor es darüber wissenschaftliche Erkenntnisse gab, dass eine Unzufriedenheit im Job auch in der Person selbst begründet sein könnte. Irgendetwas ist in ihr, das sie an ihrem eigenen Jobglück hindert. Und in der Tat musste ich feststellen, dass diese Menschen sich durch eines gemeinsam auszeichneten: Sie hatten alle ein schlechtes Bild von der Arbeit, ganz unabhängig von dem Unternehmen, in dem sie arbeiteten. Sie waren zutiefst davon überzeugt, dass Zufriedenheit im Job nicht möglich ist. Und so mussten wir feststellen, dass sie, besser gesagt ihr Gehirn, förmlich nach Beweisen suchte, die ihr Weltbild bestätigten und gegenteilige Erlebnisse eher ignorierten. Ihre Haltung war, dass Arbeit schrecklich und Jobglück unmöglich ist. Ihr Gehirn sorgte für entsprechende Beweise, sodass sie recht behielten. Mit diesen Mitarbeitenden haben wir uns aufgerieben und sind dennoch gescheitert. Das war für mich seinerzeit sehr ernüchternd.

Unsere Erfahrung war:

Mit seiner Haltung zu Arbeit zementiert der eine Mitarbeitende seine Unzufriedenheit, während der andere sein Jobglück pusht.

Ich musste erkennen:

Jobglück ist zunächst eine Haltungsfrage.

Die Erklärung, warum wir daraufhin so intensiv die Haltung eines Bewerbenden im Rahmen unseres Bewerbungsverfahrens prüften, war dazu immer folgende:

»Wenn du meinst, Jobglück ist unmöglich, dann wirst du recht behalten. Wenn du hingegen glaubst, Jobglück ist möglich, dann wirst du auch recht behalten.«

Vor dem Hintergrund dieser Erkenntnis wurde es uns ein großes Anliegen, ausschließlich Menschen einzustellen, die bereit sind, sich selbst für ihr Jobglück einzusetzen und offen sind für ein Gernemachen. Dazu ist die Prüfung der Haltung zur Arbeit wesentlich.[20]

Die eigene Haltung zum Jobglück ist der Schlüssel

Vor dreißig Jahren war das für mich eine revolutionäre Erkenntnis. Man sollte glauben, dass diese frohe Botschaft sich mittlerweile überall herumgesprochen hätte. Aber nein. In vielen Unternehmen erlebe ich immer noch, wie ein nennenswerter Teil der Beschäftigten der Überzeugung ist, dass er selbst keinen Einfluss auf die eigene Zufriedenheit hätte. Die Führungskräfte seien dafür verantwortlich. Sie übergeben die Verantwortung für ihr Jobglück in fremde Hände und nisten sich im schlimmsten Fall in einer ohnmächtigen, passiven Opferrolle ein. Dabei erkennen sie nicht, wie sie mit ihrer Haltung die Chance auf Jobglück selbst vernichten. Sie ahnen nicht einmal, wie viel Einfluss sie auf ihre eigene Zufriedenheit haben, geschweige denn, dass sie die Verantwortung dafür übernehmen wollen. Ihre Haltung steuert ihr Verhalten. Und so leisten sie nicht nur keinen Beitrag zu ihrer Zufriedenheit (auch Unterlassen ist ein Verhalten), sondern warten darauf, dass sie jemand anderes in den Zustand der Zufriedenheit versetzt. Das funktioniert natürlich nicht. Und so ernten sie das, was sie erwarten: Unzufriedenheit.

---

[20] Um Menschen zu helfen, eine glücklichere Haltung zu Arbeit zu entwickeln, und aufzuzeigen, welch große Vielzahl an Möglichkeiten sie haben, selbst Beiträge zu ihrer Zufriedenheit beim Arbeiten zu leisten, habe ich das Buch »Jobglück. Wie Du den Montag lieben lernst« konzipiert (Pothmann 2019). Es ist kein klassischer Ratgeber, sondern zunächst ein »Haltungsentwickler« mit zusätzlichem Trainingsprogramm für die Umsetzung. So lernen die Menschen selbst, Initiative zu zeigen, Verantwortung für ihre eigene Zufriedenheit zu übernehmen und sich selbst zum Jobglück zu pushen.

Eine unglückliche Haltung unterbindet glückförderndes Verhalten. !

Meines Erachtens machen wir uns als Gesellschaft viel zu wenig bewusst, dass diese Haltung in der Macht und besonders in der Verantwortung des Mitarbeitenden liegt!

Die Verantwortung für seine eigene Haltung zur Arbeit liegt bei jedem selbst und nicht bei der Führungskraft! !

Dieser Aspekt ist wichtig und, wie Sie im vierten Kapitel sehen werden, außerordentlich folgenreich für die Zukunft der Unternehmen.

Mitarbeitende mit Anspruch auf Jobglück

Großartig ist es hingegen, wenn Sie Mitarbeitende haben, die vom Gegenteil überzeugt sind, die Jobglück für möglich halten. Diese sind bereit, Verantwortung für ihr eigenes Jobglück zu übernehmen und sich entsprechend dafür einzusetzen. Sie streben nach guten Arbeitsergebnissen, die zufrieden machen. Sie bemühen sich um gute Beziehungen im Arbeitsumfeld und leisten an unzähligen anderen Stellen produktive Beiträge zum guten Teamwork und unternehmerischen Erfolg. Wir werden im nächsten Kapitel sehen, wie solche Mitarbeitenden in vielerlei Hinsicht ein ganzes Unternehmen pushen.

Eine glückliche Haltung zur Arbeit bewirkt viel mehr als gute Arbeit.

3.3.2 Die Tätigkeit muss passen

Wenn es um den zweiten Aspekt geht, der Einfluss auf das Jobglück hat, wenn es also um eine passende oder unpassende Tätigkeit geht, dann versuchen mir manchmal Mitarbeitende in Workshops zu vermitteln, dass sie darauf keinen Einfluss hätten. Sie müssten halt diese Tätigkeit ausführen. Auch hier schwingt die Haltung mit, keinen Einfluss auf seine eigene Zufriedenheit zu haben. Ich frage sie dann, wer denn seinerzeit entschieden hat, sich beim jetzigen Unternehmen für diese Tätigkeit zu bewerben? Auch frage ich, wer entscheidet, an einer vollkommen unbefriedigenden und unpassenden Tätigkeit festzuhalten (unabhängig davon, ob der Arbeitgeber im Laufe des Arbeitsvertrages einem diese Tätigkeit zugeordnet hat oder der Mitarbeitende einfach nur die Lust daran verloren hat)? Nachdem sie dann beide Fragen mit »ich« beantworten, erkennen die meisten ihren eigenen Anteil und die Macht, über ihre Tätigkeit (ein Stück weit) bestimmen zu können.

Viele Menschen halten viel zu lange an einer unbefriedigenden Tätigkeit fest, ohne zu erkennen, wie sie sich selbst und ihrem Unternehmen damit schaden.

Eine viel zu große Anzahl an Mitarbeitenden ist sich ihrer Macht über die Wahl ihrer Tätigkeit nicht bewusst. Viel zu viele schleppen sich täglich schlecht gelaunt zur Arbeit, weil sie einer Tätigkeit nachgehen, die sie nicht mögen und die ihnen mehr Energie raubt, als sie in der Freizeit an Kraft wieder aufbauen können. Sie ahnen nicht, in welche passive Rolle sie sich bringen, welchen Beitrag (durch ihr Unterlassen) sie zu ihrem eigenen Unglück leisten und wie wenig Verantwortung sie für ihr eigenes (Arbeits-)Leben übernehmen.

Manche Führungskraft geht davon aus, ihre Mitarbeitenden hätten zu funktionieren, Arbeit müsse nicht Spaß machen. Sie lassen deshalb Mitarbeitende häufig zu lange in ihren unbefriedigenden Tätigkeiten bleiben. Und dann wundern sie sich, dass sie nicht mehr engagiert arbeiten und der Erfolg ausbleibt.

Führungskräfte, denen der Einfluss dieses Aspektes aufs Gernemachen bewusst ist, werden hingegen schon aus eigenem Interesse dazu beitragen, ihre Mitarbeitenden mit Tätigkeiten zusammenzubringen, die zu ihnen passen. Und wenn es eine Tätigkeit ist, für die sie niemanden begeistern können, ist ihnen klar, dass sie umso mehr in den anderen Aspekten (den Begleitfaktoren des Jobglücks) leisten müssen, damit der Mitarbeitende ein gutes Gesamtgefühl erhält, damit er die Arbeit gerne und gut macht.

Es liegt im Interesse beider, des Mitarbeitenden und der Führungskraft, für den Mitarbeitenden eine Tätigkeit zu finden, die zu ihm passt. Die Verantwortung, dies regelmäßig zu überprüfen und gegebenenfalls anzupassen, liegt bei beiden.

3.3.3 Die Verantwortung für die Jobglück-Begleitfaktoren

Bei dem ersten der begleitenden Faktoren, den Rahmenbedingungen, liegt die Macht darüber, auf das Jobglück der Mitarbeitenden einzuwirken, beim Unternehmen, insbesondere bei der Geschäftsführung. Sie legt die Rahmenbedingungen fest und trägt für die vertraglichen Vereinbarungen mit ihren Mitarbeitenden sowie für die Strukturen und Prozesse im Unternehmen die Verantwortung.

Auch wenn die Geschäftsführung mit ihrem Verhalten ein Vorbild abgibt (ob gut oder schlecht, sei hier dahingestellt), hat die Führungskraft durch ihre Art und Weise, wie sie konkret Mitarbeitende behandelt, natürlich erheblichen Einfluss auf das Jobglück ihrer Mitarbeitenden (Führung der Mitarbeitenden - vertikale Verhaltens- und Beziehungsebene). Es ist wichtig, dass sie sich dieser Verantwortung bewusst ist.

Gleiches gilt, wenn es darum geht, ihre Mitarbeitenden so zusammenzubringen, dass sie untereinander, auf der horizontalen Verhaltens- und Beziehungsebene eine gute und glückliche Art der Zusammenarbeit finden (Verhalten der Mitarbeitenden untereinander). Selbstverständlich liegt es auch und besonders in der Macht der Mitarbeitenden, untereinander eine glückliche Form der Zusammenarbeit zu finden. Ein Interesse daran sollten alle haben, Verantwortung hierfür auch. Spätestens bei der Kultur und den (Arbeits-)Lebensprinzipien, die im Unternehmen gelebt werden, wird klar, dass dies eine Gemeinschaftsleistung ist. Hier sind alle beteiligt, und alle für ein gutes Miteinander verantwortlich.

3.4 Jobglück: eine kurze Zusammenfassung

Da das Jobglück der Menschen im Unternehmen, wie wir in den vorherigen Kapiteln gesehen haben, so eine zentrale Rolle für die Zukunft der Unternehmen spielen wird, war mir wichtig, genauer zu erläutern, worum es sich dabei handelt. Auch ist es für die nächsten Kapitel zentral, zu erkennen, wer in welchem Aspekt des Jobglücks Einflussmöglichkeiten und Verantwortung hat.

Fassen wir einmal kurz die wesentlichen Punkte des Konzeptes Jobglück zusammen:

- 😊 Jobglück bedeutet Gernemachen.
- 😊 Jobglück ist ein gutes Gefühl im Kontext von Arbeit. Dieses Gefühl löst Leistungsbereitschaft und Begeisterung aus.
- 😊 Die Entscheidung über die Zufriedenheit im Zusammenhang mit Arbeit ist das Ergebnis eines im Unterbewusstsein stattfindenden Bewertungsprozesses. Hierbei wägt man eine Vielzahl an Glücks- und Unglücksfaktoren ab. Das Ergebnis ist ein Gefühl der Zufriedenheit, Unzufriedenheit oder Indifferenz.
- 😊 Jobglück basiert auf einer höchst individuellen Präferenzstruktur und bildet damit auch die höchst unterschiedlichen Bedürfnisse der verschiedenen Menschen und Generationen ab.
- 😊 Es muss im Job nicht alles perfekt sein, um zufrieden zu sein. Das Gesamturteil, das Gesamtgefühl ist entscheidend.
- 😊 Deshalb muss fürs Gernemachen auch nicht die Zufriedenheit maximiert werden.
- 😊 Jobglück wirkt auch in die Freizeit hinein: Es bedeutet ein ganzheitliches positives Gefühl, wie der gesamte Arbeitsalltag empfunden wird, bis hin zum guten Gefühl, wenn man in der Freizeit an Arbeit denkt.
- 😊 Mit der Haltung zur Arbeit legt der Mensch selbst fest, inwieweit für ihn Jobglück möglich ist. Die Macht und die Verantwortung darüber liegt bei ihm selbst und nicht bei einer Führungskraft.
- 😊 Hinsichtlich der Geeignetheit und Passung einer Tätigkeit liegt die Verantwortung bei beiden.
- 😊 Bezüglich der begleitenden Faktoren des Jobglücks liegen die Einflussmöglichkeiten und die Verantwortung bei allen Beteiligten.

Sie haben sicherlich schon festgestellt, dass ich Jobglück und Zufriedenheit als Synonyme verwende. Natürlich kann man Bedeutungsunterschiede festmachen. Auch könnten man noch viel über das Glück bei der Arbeit ausführen. Als Basis für die nächsten Kapitel werden uns die Ausführungen in diesem Kapitel aber schon ausreichen.

3.5 Skepsis am Jobglück

Ich hatte es eingangs zu diesem Kapitel schon angesprochen: Je nachdem, aus welcher Unternehmenswelt Sie stammen, könnten Sie bezüglich der Thematik Jobglück skeptisch sein. Ich hoffe, ich konnte Ihr Interesse wecken, in dem Folgendes deutlich wurde: Jobglück als Zielgröße hat mit Sozialromantik nach dem Motto »Alle fühlen sich pudelwohl, aber keiner arbeitet« nichts zu tun! Es geht nicht um ein undifferenziertes Glücksgefühl im Unternehmen.

Jobglück hat mit Sozialromantik nichts zu tun!

Kein Vertriebler ist im Job glücklich, wenn er keinen Umsatz macht. Therapeuten und Beratende, die dauerhaft nichts bewirken, werden unzufrieden, und Handwerker, die schlechte Arbeit abliefern, auch.

Niemand strebt danach, schlecht zu arbeiten und erfolglos zu sein.

Glücklich zu sein, ohne etwas zu erreichen, würde irgendwann unweigerlich dazu führen, dass Erfolg ausbleibt und es wirtschaftlich schwierig wird. Das hätte im Unternehmen für alle Beteiligten unschöne und unglückliche Entscheidungen zur Folge. Und dann ist die gute Laune hin. So kann es nicht gehen. Das kann Jobglück in dem Verständnis, wie es in diesem Buch hergeleitet wurde, nicht bedeuten. Niemand, der dauerhaft erfolglos ist, schafft es, zufrieden zu sein.

Es handelt sich also keinesfalls um eine Entkoppelung von Zufriedenheit und Leistungsbereitschaft, sondern ganz im Gegenteil: Es geht um die Verbindung beider Aspekte. Und diese Verbindung ist eben nur möglich, wenn alle Beteiligten verstehen, dass sie alle Beiträge dazu leisten können und gemeinsam Verantwortung dafür tragen.

Jobglück impliziert also nicht das Programm »Wünsch dir was«, sondern es wird eingebettet in einen besonderen Deal, den ich Ihnen im vierten Kapitel erläutern werde. Es geht auch nicht darum, dass nur die Führungskräfte sich täglich von morgens bis abends daran abmühen müssen, ihre Mitarbeitenden maximal glücklich zu machen. Nein, es geht ausschließlich ums Gernemachen. Dieses bewirkt ein Gutmachen, wie im nächsten Abschnitt noch deutlicher wird.

3.6 Der neue Wirkungsmechanismus zum Erfolg

Was geschieht, wenn jemand etwas gerne macht? Die Antwort ist einfach und ich hatte es schon ein paarmal erwähnt: Wenn jemand eine Sache gerne macht, erledigt er sie gut! Er kommt gerne ins Unternehmen, fühlt sich in der Gemeinschaft wohl und gut aufgehoben. Als Teil eines besonderen Unternehmens bindet er sich gerne und engagiert sich bereitwillig: Er macht gut, weil er gerne macht.

Im ersten Kapitel, bei der Analyse der Krankheitssymptome, hatten wir diesen Zusammenhang schon pragmatisch hergeleitet. In der ungesunden, unglücklichen Unternehmenswelt sind die Mitarbeitenden zu unglücklich, um erfolgreich zu sein und um sich bereitwillig an ihr Unternehmen zu binden. Und in der entgegengesetzten Welt, die sich nur darin unterscheidet, dass statt der unzufriedenen Mitarbeitenden nun zufriedene Mitarbeitende ihrer Tätigkeit nachgehen, waren starke Mitarbeiterbindung und wirtschaftlicher Erfolg das logische Ergebnis.

Durch Jobglück wird Erfolg zum logischen Ergebnis. !

Diese Analyse basierte auf einer logischen Argumentationskette. Nun betrachten wir diese Kausalität aus wissenschaftlicher Sicht. Und auch hier ist der Wirkungszusammenhang zwischen Zufriedenheit im Kontext von Arbeit und Erfolg beziehungsweise Mitarbeiterbindung in diversen wissenschaftlichen Disziplinen eindrucksvoll bewiesen:

So zeigen glücklichere Mitarbeitende ein höheres Maß an Leistungsbereitschaft. Sie arbeiten erheblich engagierter, schneller, produktiver und zuverlässiger. Sie verfügen tendenziell über mehr Energie, zeigen mehr Eigeninitiative, sind entscheidungsfreudiger und übernehmen mehr Verantwortung. Sie sind in der Regel seltener krank, belastbarer, kooperativer und teamfähiger. Darüber hinaus fühlen sie sich dem Unternehmen und ihren Führungskräften mehr verbunden, sind ihnen gegenüber loyaler, stellen ihr Unternehmen sowie die Produkte und Dienstleistungen nach außen überzeugter (und überzeugender) dar und denken umsatzorientierter. Kurz gesagt: Sie sind erfolgreicher.[21]

Jeder Einzelne der hier aufgeführten Vorteile ist durch wissenschaftliche Studien belegt – eine beeindruckende Beweislage für den Wirkungszusammenhang zwischen Jobglück und erfolgreichem Handeln.

[21] Dies ist nur eine kleine Auswahl an Vorteilen, die einem Unternehmen durch das Jobglück seiner Mitarbeitenden entstehen. Eine komprimierte Zusammenfassung weiterer Effekte von glücklichen Mitarbeitenden samt der dazugehörigen Studien finden Sie in Rehwaldt 2019, S. 15–22. Vgl. auch Lyubomirsky, King und Diener 2005, die mit ihrer Metastudie über 225 Studien analysierten, die den Zusammenhang zwischen Erfolg und Glück untersuchten.

Jobglück ist der Generalschlüssel für die Zukunft der Unternehmen, der Gernemachen bedeutet und ein Gut-und-erfolgreich-Machen bewirkt. **!**

Das habe ich so nicht geahnt

Als ich vor mehr als drei Jahrzehnten begonnen habe, mich mit dem Jobglück meiner Mitarbeitenden intensiv zu beschäftigen, war mir nicht klar, wie immens die Wirkung auf den Erfolg und alle anderen wesentlichen Erfolgsgrößen in meinem Unternehmen ist. Natürlich hatten wir wirtschaftliche Ziele und entsprechende Controllinginstrumente, aber ausgerichtet haben wir uns darauf, dass unsere Leute ihre Arbeit gerne und gut machen konnten. Was für ein Ausmaß an Erfolg dadurch entstand, konnte ich seinerzeit nicht einmal ahnen. Und wenn ich es nicht selbst erlebt hätte, würde ich es auch heute noch nicht glauben. Insofern habe ich größtes Verständnis für Skepsis gegenüber dieser Thematik.[22]

Ein indirekter Weg zum Erfolg

Wichtig ist, zu verstehen, dass es sich um einen indirekten Weg zum Erfolg handelt. Führungskräfte wirken nicht auf den Mitarbeitenden derart ein, dass er zum Ziel gepusht oder genötigt wird, sondern sie unterstützen ihn beim Gernemachen. Sie werden im nächsten Kapitel sehen, wie groß der Unterschied bei diesen verschiedenen Verhaltensweisen ist.

Interessanterweise ist der Weg zwar indirekt, also nicht direkt auf das Ziel des Unternehmenserfolgs ausgerichtet, aber er führt doch

[22] Mehr zur Kausalität zwischen Zufriedenheit und Erfolg finden Sie in Pothmann 2021b, S. 16–27. Dass der Erfolg in jeder Phase des Lebenszyklus eines Mitarbeitenden im Unternehmen mit Jobglück größer ist, erfahren Sie anhand der Erfolgskurve eines Mitarbeitenden ebenda auf den Seiten 61–67.

unmittelbarer dorthin. Denn dieser entsteht nun mal durch die Leistungsbereitschaft des Mitarbeitenden. Und wenn dieser von sich aus schon engagiert handeln möchte, weil er seine Arbeit gerne macht, dann kommt eben auch unmittelbar das positive Ergebnis heraus.

Jobglück indiziert Unternehmenserfolg. !

Jobglück und das Mindset eines Unternehmens

Fassen wir mal zusammen: Im ersten Kapitel haben wir sachlogisch hergeleitet und in diesem Kapitel wissenschaftlich bestätigt, dass durch das Jobglück der Menschen im Unternehmen (Mitarbeitende und Führungskräfte), wirtschaftlicher Erfolg und starke Mitarbeiterbindung zum logischen Ergebnis werden.

Zudem haben wir in diesem Kapitel erkennen können, das dieses Jobglück eines Menschen zwar bezüglich seiner Haltung zu Arbeit und Zufriedenheit in seiner Verantwortung liegt. Aber die Wahl der Tätigkeit und insbesondere der dritte Aspekt, der auf das Jobglück einwirkt (Begleitfaktoren des Jobglücks), mehr oder weniger im Einflussbereich und in der Verantwortung aller Beteiligten liegen.

Wenn wir uns bewusst machen, dass das Jobglück des Einzelnen auch von der Haltung und dem Verhalten der anderen abhängt, dann ist es nicht nur individuell, sondern im Kollektiv zu betrachten. Jobglück findet nicht isoliert statt, sondern es ist vom Umfeld abhängig. Es gilt:

Damit ein Mensch ein gutes Gesamtgefühl im Kontext von Arbeit erhält, sollte zumindest die Mehrheit ein gutes Gesamtgefühl erreichen. !

Insofern muss das Jobglück nicht nur der Generalsschüssel und die zentrale Zielgröße unternehmerischen Handelns werden. Es steckt noch mehr darin. Es muss in Zukunft auch zum alles durchdringenden Element eines Unternehmens werden. Der Gedanke des Gernemachens muss das Denken und Handeln der Beteiligten steuern.

5. Erkenntnis: Das Jobglück muss nicht nur zur zentralen Zielgröße unternehmerischen Handelns werden, sondern es muss in Zukunft auch das Mindset eines Unternehmens ganzheitlich durchdringen und prägen.

In der Zukunft erfolgreiche Unternehmen stellen deshalb das Jobglück ihrer Mitarbeitenden fundamental in den Fokus ihres unternehmerischen Denkens und Handelns.

Wie geht es weiter?

Um die Herausforderungen in den Unternehmen zu lösen, die sie heutzutage und erst recht in der Zukunft lähmen werden, hatte ich in der Einführung dieses Buches vier Fragen formuliert. Mit der Beantwortung erhalten Sie das Gesamtpaket zur Lösung dieser Probleme. Schauen wir mal, wo wir jetzt stehen:

Die erste Frage zielte auf eine Zielgröße ab, auf die sich Unternehmen und deren Beschäftigte fokussieren können, mit der sie die immensen Herausforderungen lösen können. Ich hoffe, Sie sind in diesem Punkt bei mir, dass diese Frage beantwortet ist: Das Jobglück der Beteiligten ist die Antwort und die Lösung.

Die zweite Frage, die mit diesem Buch beantwortet werden soll, war: Wie könnte dabei der Wirkungsmechanismus aussehen, so dass die Menschen sich voll bei ihrer Arbeit und für ihr Unternehmen einsetzen und sie wirtschaftlichen Erfolg erzielen? Die kurze Antwort lautet: Der Wirkungsmechanismus ist: Gernemachen bewirkt ein Gutmachen und macht Erfolg und starke Mitarbeitenden-Bindung zum logischen Ergebnis. Es würde mich freuen, wenn Sie auch diese Frage als beantwortet ansehen. Dann könnte es sein, dass Ihre vielleicht eingangs bestehende Skepsis gegenüber der Jobglück-Thematik etwas oder sogar in Gänze abgebaut ist und Sie anerkennen können, dass der indirekte Weg zum Unternehmenserfolg ein effektiver und effizienter ist.

Nun kommen wir zur nächsten offenen Frage: Wie müsste das Mindset der Menschen in einem Unternehmen sein, also die Weltsicht des Unternehmens, sein Paradigma, damit die immensen Herausforderungen von ihnen auch gelöst werden können? Die Antwort finden Sie im nächsten Kapitel. Es geht auch darum, weshalb die einen Unternehmen in Zukunft überproportional stark an Erfolg und Mitarbeitenden verlieren werden und die anderen sich hingegen vor Interessenten und Erfolg gar nicht retten können werden.

4. Die Zukunft der Unternehmen: warum die einen scheitern und die anderen gewinnen werden

Alle Personen, die sich seinerzeit bei uns bewarben, hatten ausnahmslos und ausschließlich Erfahrungen aus konformistischen oder leistungsorientierten modernen Unternehmenswelten. Sie können sich sicherlich vorstellen, wie wenig die Bewerbenden sich unsere, auf deren Jobglück ausgerichtete Unternehmenswelt, vorstellen konnten. Einige waren von dieser Idee der Zusammenarbeit total begeistert, anderen konnte man die Skepsis über die Darstellung unserer Welt im Gesicht ablesen. Und alle zusammen hatten keine Ahnung, wie so eine Welt funktionieren sollte.

Erschwerend kam hinzu, dass viele die Überzeugung in sich trugen, dass Zufriedenheit im Job sowieso nicht möglich sei. Ich hatte Ihnen über diese skeptische Haltung schon im dritten Kapitel berichtet. Das, von dem wir sprachen, war so andersartig, dass es die Vorstellung der Bewerbenden und auch aller anderen Personen, denen wir von unserer Welt erzählten, sprengte. Irgendwie schien bei uns alles anders zu sein als in den Unternehmen, die sie bisher erlebt oder von denen sie gehört hatten.

Zum besseren Verständnis mussten wir ein Vergleichs- und Beschreibungsmodell entwickeln

Durch diese Erfahrungen mit unseren Bewerbenden wurde mir klar, dass ich im Rahmen des Einstellungsverfahrens nicht nur von unserem Unternehmen berichten darf, sondern dass ich nicht drumherum komme, auf einer abstrakteren Ebene ein allgemeingültiges und alle

Unternehmen abbildendes Beschreibungsmodell zu entwickeln. Ein Konzept, mit dem ich ein menschenorientiertes und eine auf die Zufriedenheit der Menschen ausgerichtete Unternehmenswelt beschreiben und erklärbar machen kann. Ein Konzept, durch das sogar die Unterschiede zwischen den verschiedenen Unternehmenswelten deutlich werden.

So entwickelte ich das Konzept der Glückspyramide der Unternehmen. Mithilfe dieses Modells wurde es möglich, anhand von den vier Begleitfaktoren des Jobglücks festzustellen, auf welcher Grundlage, welchen Prinzipien, welchen Haltungen und Verhaltensweisen völlig unterschiedliche Unternehmenswelten entstehen. Vor allem wurde es möglich, zu ermitteln, inwieweit in einem Unternehmen die Chance darauf besteht, seine Arbeitszeit als sinnvollen und glücklichen Teil seiner Lebenszeit zu erleben.

Die nächsten fünf Erkenntnisse werden anhand dieses Konzeptes hergeleitet, was uns einen klareren Blick auf die Zukunft der Unternehmen ermöglichen wird. Sie werden auch erkennen, mit welchem Paradigma Unternehmen in der Lage sein werden, ihre Herausforderungen mit ihren Mitarbeitenden zu lösen. Darüber hinaus wird auch deutlich, warum die einen Unternehmen unweigerlich in der Zukunft scheitern werden und die Anderen überproportional und in jeder Hinsicht gewinnen werden.

4.1 Die Glückspyramide der Unternehmen

Springen wir also nun auf eine abstraktere Ebene zur Beschreibung von Unternehmen. Wechseln Sie dazu in die Vogelperspektive, um einen guten Überblick über die Andersartigkeit der Unternehmen zu erhalten. Stellen Sie sich nun bitte eine Pyramide vor, in der, wie in Abbildung 2, eine Vielzahl von Stecknadeln stecken. Jede steht symbolisch für ein Unternehmen. Die wichtigste Aussage, die anhand der Pyramide abzulesen ist, ist die folgende:

Je höher eine Nadel eines Unternehmens in der Pyramide eingesteckt ist, desto größer ist die Chance der Mitarbeitenden, in diesem Unternehmen zufrieden sein zu können.

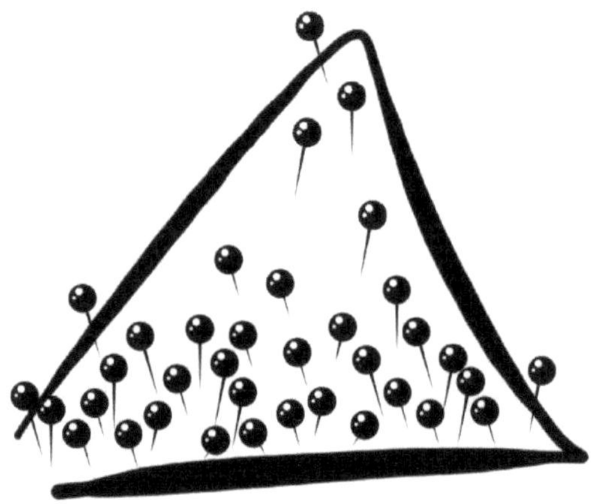

Abb. 2: Glückspyramide der Unternehmen mit Stecknadeln, die Auskunft darüber geben, wie groß die Chance der Mitarbeitenden dieses Unternehmens ist, im Job zufrieden werden zu können.

Befinden sich die Nadeln ganz unten in der Pyramide, ist davon auszugehen, dass die Beteiligten in diesen Unternehmen Arbeitszeit als schrecklich große Belastung, Energieverlust oder Lebenszeitvergeudung erleben. Die Chance in solchen Unternehmen auf Jobglück ist außerordentlich gering. Steckt die Nadel eines Unternehmens etwas höher, steigt die Wahrscheinlichkeit der Mitarbeitenden und ihrer Führungskräfte, in diesem Unternehmen Jobglück zu erfahren. Wenn eine Nadel ganz oben in der Pyramide steckt, dann ist die Wahrscheinlichkeit sehr groß, dass sie ihre Arbeitszeit als sinnvollen und glücklichen Teil ihrer Lebenszeit erleben.

In der Glückspyramide gibt es keine Garantie auf Jobglück

Allerdings gibt es selbst in den Unternehmen mit besten Voraussetzungen keine Garantie auf Jobglück. Bloß weil die Mehrheit ihre Nadel oben einstecken würde, heißt das nicht, dass alle Menschen dort glücklich werden. Dies ist der Tatsache geschuldet, dass die Menschen in Unternehmen dort oben zwar hervorragende Bedingungen und Umgangsweisen für ihr Jobglück vorfinden. Doch sie können auch ohne Einflussnahme von außen sich selbst in die Unzufriedenheit treiben. Eine im wahrsten Sinne des Wortes unglückliche Haltung reicht schon aus, um in einem Unternehmen in der Spitze der Pyramide, also mit besten Chancen, dennoch unglücklich zu sein. Umgekehrt ist es wiederum theoretisch möglich, auch in einem Unternehmen ganz unten zufrieden zu werden, obwohl in solchen Unternehmen vieles dagegenspricht. Denn die eigene positive Haltung, die Konzentration auf seine eigenen Anteile am Jobglück kann bewirken, dass man selbst in einer rauen Umgebung aufblüht und aus der traurigen Masse hervorsticht.

Die Kriterien für die Glückspyramide[23]

Die Kriterien, um ein Unternehmen in der Pyramide einzuordnen, sind identisch mit den Jobglück-Begleitfaktoren, die ich Ihnen in Kapitel 3.2.3 vorgestellt habe. Nur dass wir hier für das Kollektiv, also auf der Ebene der Gesamtbelegschaft denken. Es sind die Faktoren, mit denen man das Mindset eines Unternehmens sehr gut beschreiben kann und die es maßgeblich determinieren. Hier eine Übersicht zur Erinnerung:

a. die Rahmenbedingungen,
b. die Führung der Mitarbeitenden (vertikale Verhaltens- und Beziehungsebene),

[23] Mehr zu den Kriterien finden Sie in Pothmann 2021a, S. 89–92.

c. das Verhalten der Mitarbeitenden untereinander (horizontale Verhaltens- und Beziehungsebene) und
d. die Kultur und (Arbeits-)Lebensprinzipien im Unternehmen.

Die Zuordnung der Unternehmen in die Pyramide ist mit diesen Einflussfaktoren einfach. Sie folgt dieser Regel:

Je mehr jeder einzelne dieser Faktoren auf die Zufriedenheit der Beteiligten ausgerichtet ist, desto höher ist das Unternehmen in der Pyramide einzuordnen. !

4.2 Die verschiedenen Unternehmenswelten

Zur Beschreibung der verschiedenen Unternehmen in der Glückspyramide teilen wir sie zunächst, wie in Abbildung 3 dargestellt, in zwei Bereiche auf, in zwei Unternehmenswelten:

1. Unternehmen im unteren Bereich der Glückspyramide
2. Unternehmen im oberen Bereich der Glückspyramide

Abb. 3: Die Glückspyramide der Unternehmen.

Wo auch immer die genaue Grenzziehung zwischen oben und unten stattfindet, ist zunächst noch nicht von Belang. Wir werden diesen Aspekt später genauer untersuchen. Hier geht es zunächst um die Aufteilung der Unternehmen in die Gruppe deren Mitarbeitende eher schlechtere Chancen auf Jobglück haben (unten) und die Gruppe, in der die Zufriedenheit der Beteiligten sehr wahrscheinlich ist (oben).

Bevor die nächsten Erkenntnisse hergeleitet werden können (Kapitel 4.3), bedarf es einer ausführlichen Beschreibung dieser beiden Unternehmenswelten unten und oben. Dies ist wichtig. Sie benötigen eine genaue Vorstellung wie diese Welten aussehen, um auch ein Verständnis dafür entwickeln zu können, was sie unterschiedet, wie sich dies für die Beteiligten zeigt und welche Konsequenzen das für alle hat. Ich lade Sie ein, zu eruieren, wo das Unternehmen, in dem Sie arbeiten in der Glückspyramide steckt. Vielleicht kommt Ihnen das eine oder andere Beispiel in der Beschreibung bekannt vor.[24]

4.2.1 Unternehmen unten in der Glückspyramide

Alle Unternehmen unten in der Glückspyramide sind davon geprägt, dass die Mehrheit ihrer Führungskräfte die Haltung im Sinne eines »Funktionieren-Müssens« verinnerlicht haben. Ihr im Unterbewusstsein verankertes Mindset ist: »Ich habe bei der Arbeit zu funktionieren. Arbeit ist keine Spaßveranstaltung.« Mit dieser Überzeugung verlangen sie so einiges von sich selbst ab. Und genau das erwarten sie auch von Ihren Mitarbeitenden: Sie haben zu funktionieren, sie bekommen ja schließlich auch (genug) Gehalt dafür.

[24] Für eine genauere Bestimmung der Höhe Ihres Unternehmens in der Pyramide, empfehle ich Ihnen den Schnelltest, in Pothmann 2019, S. 148–152. Hier finden Sie auch eine weitere ausführliche Beschreibung der Glückspyramide der Unternehmen, aus dem besonderen Blickwinkel eines Mitarbeitenden.

Die Führungs-Haltung in solchen Unternehmen

Sie kennen diese Führungs-Haltung aus der Einführung dieses Buches.[25] Sie ist typisch für sowohl impulsive, konformistische als auch moderne leistungsorientierte Unternehmensparadigmen. Führungskräfte erwarten von ihren Mitarbeitenden Leistung. Wenn diese nicht zufriedenstellend performen, übersehen sie häufig, dass sie selbst, ohne es mitzubekommen, Beiträge zum Misserfolg und damit zu ihrer eigenen Enttäuschung beitragen. Ob es das Briefing ist, das sie ihren Mitarbeitenden nicht gegeben haben, ob sie nicht dafür sorgten, dass sie die für ihre Aufgaben nötigen Fähigkeiten besitzen oder ob sie sich einfach nur nicht genug um sie gekümmert haben, damit sie bereitwillig engagiert arbeiten. All das haben diese Führungskräfte in der Regel nicht, oder zumindest zu wenig auf ihrem Radar.

Die Haltung der Führungskräfte ist: Meine Mitarbeitenden sollen (gefälligst) funktionieren.

Entsprechend spielt die Zufriedenheit ihrer Mitarbeitenden für die Mehrheit der Führungskräfte im unteren Bereich der Pyramide keine oder zumindest keine wesentliche Rolle. Sich darum zu kümmern, ist für viele wenig attraktiv. Manche lehnen dies sogar kategorisch ab. Die sehr verbreitete Führungsauffassung in Organisationen im unteren Teil der Glückspyramide ist:

»Warum soll ich mich um die Zufriedenheit meiner Leute kümmern, die werden doch für ihre Arbeit bezahlt.«

[25] Mehr über die Haltung zu Führung und wie sie im Unterbewusstsein das Verhalten der Führungskräfte steuert, finden Sie in Pothmann 2021b, S. 29–43 und Pothmann 2021c, S. 40–44.

Mit so einer Haltung zum Thema Mitarbeiterführung darf es nicht überraschen, dass diese Führungskräfte auch der Beziehung zu ihrem Mitarbeitenden keine besondere Bedeutung beimessen. Manche lehnen es sogar ab, private Hintergründe ihrer Mitarbeitenden wissen zu wollen. Kein Wunder, dass sie mit ihnen wenig verbunden sind und kein beziehungsweise kein großes Vertrauen in der Beziehung entsteht. Deshalb fühlen sich diese Vorgesetzten nicht selten von ihrem Team isoliert und wenig oder nicht verstanden. Diese fehlende oder zumindest schwache Verbindung zu ihren Mitarbeitenden führt teilweise zu toxischen Verhaltensweisen der Beteiligten mit verheerenden Konsequenzen.

Die Motivationsprinzipien in solchen Unternehmen: Macht und Druck

Wie schaffen es die Führungskräfte, die Menschen zur Arbeit zu motivieren, wenn die Option zum Gernemachen ziemlich unwahrscheinlich und in manchen Unternehmen sogar fast unmöglich ist? Schon vor über 10 000 Jahren war es im Paradigma der impulsiven Weltsicht ganz einfach: mit Macht und mit der Ausübung von Macht. Gleiches galt und gilt immer noch in den konformistischen und ebenso in modernen leistungsorientierten Organisationen. Die Ausübung von Macht beschreibt den Schlüssel zum Funktionieren einer Organisation, beziehungsweise zur Generierung wirtschaftlichen Erfolges. Macht- und Druckausübung, Kritisieren, Sanktionieren und viele weitere, ähnlich geartete Instrumente werden bis heute dazu genutzt, Menschen anzutreiben und sie zu engagierter Arbeit zu »motivieren«.

Macht- und Druckwelt

Deshalb werde ich im Folgenden den unteren Teil der Glückspyramide als macht-, druck- und sanktionsorientierte Unternehmenskultur, kurz als Macht- und Druckwelt bezeichnen.

Die Motivationsprinzipien in Unternehmen im unteren Teil der Glückspyramide sind Macht und Druck.

Drei der in der Einführung zu diesem Buch beschriebenen, über die Jahrhunderte gängigen Organisations-Paradigmen, sind im unteren Teil der GlücksPyramide zu verorten: die impulsive, konformistische und moderne leistungsorientierte Weltsicht. Alle drei sind davon geprägt, dass ein gutes Gefühl im Kontext von Arbeit wenig oder kein Thema ist. Wegen der praktizierten Dominanz erlebt die Mehrheit der Beteiligten Arbeit als belastend und schrecklich sowie die Zusammenarbeit als anstrengend und schwierig.

Die Haltung der Mitarbeitenden

Die Menschen mussten schon immer für ihren Selbsterhalt arbeiten. Früher durch die Jagd, dann durch das Anpflanzen von Nahrung und seit geraumer Zeit durch Arbeit, die gegen Geld getauscht wird. Noch bis vor hundert Jahren sicherte die Arbeit das Überleben. Der Ausfall des vielleicht einzigen Erwerbstätigen in der Familie hätte zum sofortigen Ausfall des Einkommens und damit zum Überlebenskampf geführt. Durch die Entwicklung der Sozialsysteme wechselte der Charakter der Arbeit. Sie wurde vom reinen Überlebenskampf zu einem Modus des »Funktionieren-Müssens«. Man ist nicht zum Spaß bei der Arbeit. Man hat Leistung abzuliefern.

In Unternehmen im unteren Teil der Pyramide sind zu viele Mitarbeitende davon überzeugt, dass Arbeit schrecklich und belastend ist und Zufriedenheit dabei eher nicht möglich ist. !

Mit dieser Haltung kommen viele nicht einmal darauf, einen Anspruch auf Zufriedenheit im Beruf zu erheben. Noch schlimmer: Einige sind davon überzeugt, dass Jobglück gar nicht möglich ist und wenn doch, dann liegt es in der Verantwortung der Führungskräfte, dies zu ermöglichen.[26]

Mitarbeitende delegieren die Verantwortung für ihre Zufriedenheit an ihre Führungskräfte. Diese nehme sie aber nicht an. Im Gegenteil, durch ihr Führungs-Verhalten liefern sie Beweise dafür, dass Arbeit wirklich keinen Spaß macht. !

Klar ist, dass so in den Unternehmen im unteren Teil der Pyramide nicht viel Jobglück entstehen kann. Insbesondere nicht, wenn die Mitarbeitenden mit dieser besagten Haltung das im wahrsten Sinne des Wortes unglückliche Verhalten ihrer Führungskräfte erleben (druck-, macht- und sanktionsorientiertes Verhalten) und sie damit ihrer Überzeugung, an Arbeit sei nichts Gutes dran, täglich eindrucksvoll bestärkt werden.

[26] Warum viele Menschen bezüglich Arbeit im wahrsten Sinne des Wortes »unglücklich programmiert« sind und welchen Irrtümern sie dabei unterliegen, wird in Pothmann 2019, S. 26–65 ausführlich erläutert.

Unternehmen im Bodensatz der Glückspyramide

Anhand der vier Begleitfaktoren werde ich Ihnen im Folgenden zunächst eine Extremposition in der Pyramide näher beschreiben: Unternehmen ganz unten, im Bodensatz der Pyramide. Sie werden sicherlich den Eindruck bekommen, dass ich in der Beschreibung übertreibe. Aber seien Sie gewiss, diese Unternehmen existieren immer noch und in weit größerer Anzahl, als wir uns das bewusst machen wollen. Sie haben sich nur smarter verpackt und erscheinen in Hochglanzbroschüren und Internetauftritten (fälschlicherweise) als attraktive Arbeitgeber. Hinter den Kulissen haben die Menschen aber nichts zu lachen. Jobglück spielt dort keine Rolle.

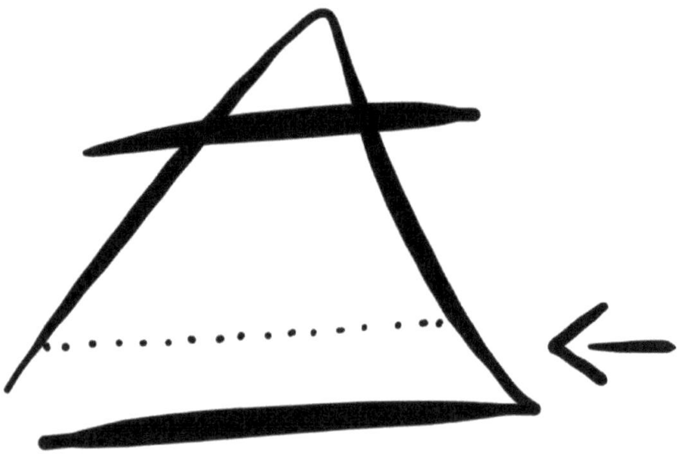

Abb. 4: Die Unternehmen im untersten Bereich der Glückspyramide der Unternehmen.

Anhand der vier oben genannten Aspekte liefere ich Ihnen ein paar Beispiele für die Art des Denkens und Verhaltens in solchen Unternehmen. Sie dienen dazu, dass Sie sich ein Bild von solchen Unternehmen machen können.

a) Rahmenbedingungen

Die Führungs-Haltung, insbesondere die der Geschäftsführung, als die rahmengebende Instanz im Unternehmen, findet hier seine Manifestation. Diese Unternehmen zeichnen sich dadurch aus, dass sie ihren Mitarbeitenden jegliches Gefühl von Sicherheit nehmen. Sie schüren sogar bewusst Unsicherheit und schaffen Abhängigkeiten. Arbeitsverträge mit Kettenbefristungen sind typische Beispiele dafür, wie Abhängigkeit praktiziert wird. Zusagen gegenüber ihren Mitarbeitenden werden ungern schriftlich fixiert und später gerne vergessen. Es sind nicht nur die arbeitsvertraglichen Rahmenbedingungen zugunsten des Arbeitgebers ausgelegt, auch alle anderen Regeln stellen die Macht des Unternehmens und seiner Führungskräfte heraus. Alles ist darauf ausgerichtet, dass die Unternehmen Macht über ihre Mitarbeitenden erhalten und zu ihren Gunsten nutzen können.

Die Rahmenbedingungen bringen das Macht-Ungleichgewicht klar zum Ausdruck und sorgen für ein schlechtes Gefühl bei den Mitarbeitenden. !

b) Die Führung der Mitarbeitenden (vertikale Verhaltens- und Beziehungsebene)

Das Macht-Ungleichgewicht zeigt sich besonders beim zweiten Kriterium, dem Verhalten der Führungskräfte. Die Beziehung ist für sie wenig relevant. Die Angestellten haben zu funktionieren. Das ist ihre Haltung, und die zeigt sich in jeder Form ihres Verhaltens. Sie üben mal offensiv, mal verschleiert Druck aus, um die anderen zur Arbeit zu bewegen. Es zählt ausschließlich die Leistung. Persönliches hat in diesem Beziehungsverhältnis keinen Platz. Es stört sogar, weil es von der Leistungserbringung abhält. Ziele werden tendenziell unerreichbar hoch vorgegeben. Sollte die permanent kontrollierte Leistung dann nicht passen, was üblich ist, da die Erwartung immer zu hoch gesteckt ist, wird kritisiert und bei Fehlern unmittelbar sanktioniert. Bezüglich Wertschätzung ist deren Haltung klar:

»Nicht gemeckert ist Lob genug.«

Mitarbeitergespräche finden nicht statt oder dienen ausschließlich dazu, weiter Druck auszuüben. Mitarbeitende in solchen Unternehmen offenbaren mir häufig, dass sie diese Gespräche hassen.

Macht- und Druckausübung sind die Instrumente zum Machterhalt beziehungsweise zur Zielerreichung.

Führungskräfte in so einer Welt schüren Unsicherheit und Ängste. Sie machen ihre Untergebenen gefügig, indem sie ihre Teammitglieder gegenseitig ausspielen, Verräter belohnen und durch ihr Vorgesetztenverhalten klar zum Ausdruck bringen, dass derjenige, der nicht spurt, in Ungnade fällt und zukünftig eine entsprechende Behandlung erfahren wird. Jeder hat verstanden, der Vorgesetzte darf anbrüllen und sich respektlos verhalten. Sollte sich so etwas ein Untergebener herausnehmen, wissen alle, er hätte sein arbeitstechnisches Todesurteil unterschrieben. Hier werden Menschen von ihren Führungskräften tyrannisiert, und sie können von einem Umgang auf Augenhöhe nur träumen.

c) Das Verhalten der Mitarbeitenden untereinander (horizontale Verhaltens- und Beziehungsebene)

Es wird Sie sicherlich nicht überraschen, wenn ich Ihnen sage, dass Menschen, die unter diesen Bedingungen arbeiten, dazu tendieren, das eigene Verhalten diesen schlechten Bedingungen anpassen. Die wenige Macht die sie erhalten, nutzen einige hemmungslos zu ihrem eigenen Vorteil aus. Seilschaften werden gebildet, um die eigene Position und Besitzstandsrechte zu sichern und um sich besser gegenüber konkurrierenden Kolleginnen und Kollegen zu behaupten sowie bei Vorgesetzten besser dazustehen. Ausgrenzung sind typische Umgangsformen.

Gegenseitiges Kritisieren und Beschuldigen sowie Lästern über andere, besonders über ungeliebte Kolleginnen und Kollegen und selbstverständlich über Vorgesetzte, stehen auf der Tageordnung. Gelebte Geringschätzung und Egoismus vergiften die Beziehungen und das gegenseitige Vertrauen. Im Misstrauensmodus wachsen Vorurteile und Gräben zwischen den Menschen, Abteilungen und Teams.

Konkurrenz um bessere Stellen, wie es häufig in konformistischen Organisationen üblich ist, sowie die Konkurrenz auf der Leistungsebene führen zu Neid und Missgunst. Zwischen den einzelnen Abteilungen oder Teams sowie untereinander im Team findet alles im Kampfmodus statt: um den besseren Parkplatz, die Urlaubsverteilung und Brückentage, um mehr Macht der Abteilung oder eines Einzelnen, um nur einige Beispiele zu nennen.

Die Mitarbeitenden leben kein Miteinander, sondern ein Gegeneinander und zerstören sich damit gegenseitig die Zufriedenheit. !

Bei Fehlern suchen die Vorgesetzten nicht die Ursache, sondern bekommen von den Kolleginnen und Kollegen einen Sündenbock (aus-) geliefert. In dieser Welt wird jemand schnell zum Denunzianten, der andere anschwärzt. Die Führungskräfte belohnen dieses Verhalten möglicherweise sogar.

d) Die Kultur und (Arbeits-)Lebensprinzipien im Unternehmen

Welche (Arbeits-)Lebensprinzipien entstehen in so einer Arbeitswelt? Welche Kultur entwickelt sich, wenn die Haltungen der Beteiligten kein positives und konstruktives Verhalten zulassen? Wenn die Rahmenbedingungen den Menschen nicht Schutz bieten, sondern ihr Sicherheitsgefühl torpedieren? Wenn Führungskräfte auf ihre Mitarbeitenden permanent Macht und Druck ausüben und in diesem Kontext die Mitarbeitenden untereinander ihr kollegiales Verhalten ablegen? An zwei Prinzipien möchte ich Ihnen aufzeigen, wie so eine Welt in destruktiven Formen des Umgangs endet:

Das Prinzip »Der Ehrliche, ist der Dumme«

Wenn Fehler unmittelbar sanktioniert werden, wird jeder, der ehrlich ist, irgendwann erkennen, dass seine Ehrlichkeit, Fehler einzugestehen, nicht belohnt, sondern ganz im Gegenteil bestraft wird. Wie lange glauben Sie, ist in so einer Welt der Ehrliche dann noch ehrlich? Alle lernen, dass Ehrlichkeit sich in so einer Welt nicht lohnt, sondern dass sie im Gegenteil gefährlich ist. In so einer toxischen Unternehmenswelt lernen Menschen, lieber einen anderen zu beschuldigen, als selbst Fehler zuzugeben. Hier wird Schwarzer Peter gespielt. Niemand ist gegenüber den Führungskräften ehrlich, und deshalb benötigen diese auch Verräter und Denunzianten, die ihr Informationsdefizit kompensieren. Damit es funktioniert, müssen diese natürlich durch Belohnung des Verrates darin bestärkt werden, es wiederholt zu tun. Das Resultat: Der Ehrliche ist nur so lange ehrlich, bis er keine Lust mehr hat, für seine Ehrlichkeit der Dumme zu sein. Im Ergebnis kann man in solchen Unternehmen auf Ehrlichkeit nicht (mehr) hoffen, und damit ist das gegenseitige Vertrauen aller Beteiligten dahin.

Das gegenseitige Vertrauen wird in Unternehmen im unteren Teil der Pyramide täglich zerstört.

Das Prinzip »Dreistigkeit siegt«

Das zweite Prinzip, das in solchen Unternehmen Einzug erhält, hat weniger mit Macht oder Machtstrukturen als vielmehr mit Frechheit, Unverschämtheit und Unverfrorenheit zu tun. Dreistigkeit bedeutet, dass eine Person sich auf Kosten anderer Vorteile verschafft und ihr die Auswirkungen auf andere egal sind. Ein klassisches Egoprinzip, das sich verbreitet, wenn jeder nur an sich denkt und Neid, Missgunst und Zwietracht Tagesgeschäft sind. Dann ist es nicht verwunderlich, dass sich einige gewissenlos Dinge herausnehmen und ein Verhalten an den Tag legen, das ihnen nützt und im Zweifel anderen schadet.

Wenn Sie dieses Prinzip mal zu Ende denken, bedeutet es, dass neben dem selbst gewählten Gewinner immer Verlierer produziert werden. Wenn Führungskräfte dies nicht unterbinden, wird Ungerechtigkeit gelebt. Ungerechtigkeit ist ein Garant für große Unzufriedenheit. Sie befeuert die Themen Neid und Missgunst im zwischenmenschlichen Miteinander, das im Laufe der Zeit zum ausgeprägten Gegeneinander wird.

Ungerechtigkeit schürt Neid und Missgunst. Das zerstört Zufriedenheit.

Toxische Unternehmen

Alles was Sie hier gelesen haben, beschreibt die tiefsten Schattenseiten so mancher etablierten Unternehmen. Ich habe solche Zustände sowohl in kleinen, mittelständischen als auch in DAX-Unternehmen erlebt. Alle Beteiligten sind gestresst. Viele sind hochgradig frustriert. Keiner erlebt ein wirkliches, ehrliches Miteinander. Und fast alle schütteln den Kopf, wenn ich ihnen etwas über das Thema Zufriedenheit beim Arbeiten erzähle. Wenn ich von etwas berichte, das in deren Arbeitsrealität in keiner Weise vorkommt. Die Beteiligten können sich vor dem Hintergrund ihrer täglichen Erfahrungen beim besten Willen nicht vorstellen, wie so etwas in ihrem Unternehmen möglich sein soll. Zu sehr klafft das Bild ihrer beruflichen Realität von dem eines Unternehmens im oberen Bereich der Pyramide auseinander.

Erfüllen Unternehmen alle vier der oben beschriebenen vier Begleitfaktoren im negativen, also im unglücklichen Sinne, nenne ich sie Toxische Unternehmen. Sie bilden den Bodensatz in der Glückspyramide der Unternehmen. Hier im dunklen Keller der Pyramide herrscht eisige emotionale Kälte. Jobglück erscheint der Mehrheit der Beteiligten unmöglich. In Toxischen Unternehmen werden die Menschen zur Arbeit gedrängt. Jobglück ist beinah unmöglich und fällt als Wirkungsmechanismus zum Erfolg aus.

In Toxischen Unternehmern lassen die Instrumente zur Motivation der Mitarbeitenden das Klima gefrieren, die Leistungsbereitschaft schwinden und die Gewinne schmelzen. !

Ist das zu übertrieben beschrieben?

Haben Sie beim Lesen im Geiste genickt? Kennen Sie so eine Arbeitswelt? Finden Sie vielleicht sogar Ihr Unternehmen in dieser Beschreibung wieder? Dann wissen Sie nicht nur, wovon ich spreche, sondern Sie können es sogar emotional nachempfinden. Da kommen keine guten Gefühle auf, oder?

Wie gesagt: In diesen Unternehmen verlieren alle, alle Mitarbeitenden und natürlich auch ihre Führungskräfte. Sie haben zwar bezüglich der Machtverhältnisse eine bessere Position, aber dennoch erleben sie sich im System selbst auch als Getriebene und brennen in ihrem Hochleistungs-Hamsterrad aus. Kaum zu glauben, dass solche Unternehmen selbst in Zeiten des massiven Mitarbeitermangels immer noch existieren.

Erhöht sich hingegen Ihr Puls nicht weil Sie solche Erfahrungen gemacht haben, sondern weil Ihnen allein die Vorstellung an so ein Unternehmen einen Schrecken in die Knochen treibt, dann freut es mich, dass sie bisher von solchen Erfahrungen verschont geblieben sind.

Die Welt der Unglücklichen Unternehmen

Betrachten wir nun die Unternehmen näher, die zwar auch im unteren Teil der Pyramide, aber nicht in allen vier Kategorien hochgradig toxisch sind. Anhand der vier Begleitfaktoren zeige ich Ihnen wieder mittels einiger Beispiele, dass hier die Chance der Beteiligten auf Jobglück etwas größer ist. Dennoch erlebt die Mehrheit der Mitarbeitenden und Führungskräfte in diesen Unternehmen Arbeit eher als unbefriedigend. Sie sind mehrheitlich unzufrieden mit dem, was sie in ihrem Unternehmen bekommen, erfahren und erleben. Wohl wissend, dass nicht alle unglücklich sind, sondern viele die Arbeitswelt mit einem indifferenten Gefühl verbinden.

Sie erinnern sich vielleicht, ich hatte Ihnen die drei Ergebniszustände im Zusammenhang mit der Entscheidung über Zufriedenheit im dritten Kapitel genannt: unglücklich, indifferent oder glücklich. In Unternehmen im unteren Teil der Pyramide, oberhalb der Toxischen Unternehmen sind viele indifferent, zu viele unzufrieden und viel zu wenige glücklich. Auf der Ebene des Kollektivs, also in der Gemeinschaft, kommt im Ergebnis eher eine unzufriedene Mannschaft heraus. In der Summe sind dann doch zu viele unglücklich. Das Mehrheitsgefühl ist eher die Unzufriedenheit. Insofern bezeichne ich die Gruppe der Unternehmen oberhalb der Toxischen Grenze immer noch als Unglückliche Unternehmen.

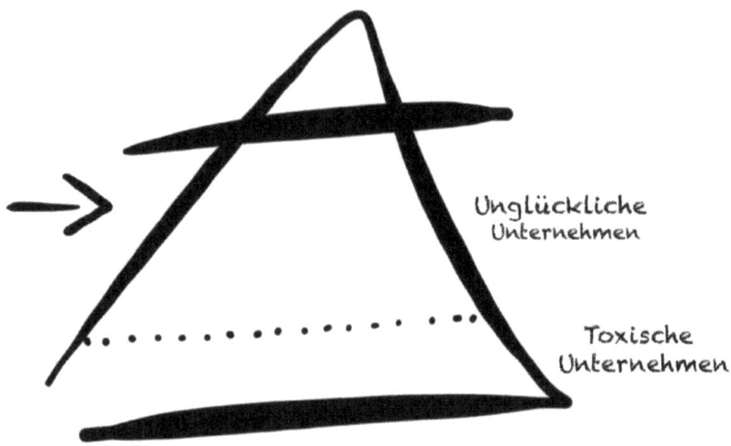

Abb. 5: Die Unglücklichen Unternehmen befinden sich im unteren Teil der Glückspyramide, oberhalb der Toxischen Unternehmen.

a) Etwas bessere Rahmenbedingungen

Die Geschäftsführung schafft in diesen Unternehmen etwas bessere Rahmenbedingungen. Sie wollen nicht ihre Mitarbeitenden wie in Toxischen Unternehmen unterjochen, sondern passende Bedingungen für sie gewährleisten. Das gelingt ihnen mal mehr, mal weniger.

Manchmal ist es bloße Unwissenheit darüber, was die von ihnen festgelegten Arbeitsbedingungen bei ihren Mitarbeitenden verursachen und wie viel Unzufriedenheit durch sie entstehen. In anderen Fällen machen sie sich keinen Kopf darüber, was sie ihren Leuten versprechen und später nicht einhalten können oder wollen. Oder sie suggerieren zum Beispiel in Bewerbungsgesprächen besondere Gratifikationen, die später doch nicht im Vertrag erscheinen oder nie zur Auszahlung kommen, weil sie vielleicht an unrealistische Bedingungen geknüpft wurden. Die Liste könnte hier unendlich fortgesetzt werden. Im Kern sind die Rahmenbedingungen nicht ganz so toxisch, aber in jedem Fall erfährt der Mitarbeitende, dass er am kürzeren Hebel sitzt.

b) Die Führung der Mitarbeitenden

Alle Unglücklichen Unternehmen, egal wie weit oben in der Glückspyramide sie stehen, sind davon geprägt, dass die Mehrheit der Führungskräfte die oben beschriebene Funktionieren-Haltung verinnerlicht hat. Diese bewirkt mehrheitlich Frust und Leid bei den Mitarbeitenden.

In Unglücklichen Unternehmen gibt es zu wenige Führungskräfte, denen die Zufriedenheit ihrer Mitarbeitenden ein ernsthaftes Anliegen ist. !

Dieser Frust der Mitarbeitenden führt, nicht überraschend, zu schlechten Leistungen, und reflexartig wird von Seiten der Führungskraft der Druck erhöht oder, ganz anders, sie wird von ihrem Vorgesetzten zu einem Führungstraining geschickt. In manchen der Unglücklichen Unternehmen mag es gute Führungskräftetrainings geben. Gerade in Konzernen stelle ich häufig in diesem Bereich ein hohes Niveau fest. Aber dennoch bleibt häufig eine positive Wirkung aus. Viele Führungskräfte sind zwar überzeugt von den professionellen Führungs- und Managementtechniken, aber sie bleiben bei ihrer

Haltung, die Mitarbeitenden hätten zu funktionieren. So sind sie anfänglich bemüht und engagiert, das neu Erlernte umzusetzen. Dazu müssen sie sich aber anstrengen.

Warum? Nicht weil das Neue so kompliziert ist, sondern weil sie bei ihrer ursprünglichen Haltung geblieben sind. Das neue Wissen verlangt, mehr auf die Menschen einzugehen. Doch diese Strategie deckt sich nun mal nicht mit der gegenwärtigen Haltung der Führungskraft. Sie müssen sich also auf dieses neue Verhalten stark konzentrieren, weil es nicht durch ihre im Unterbewusstsein verankerten Überzeugungen unterstützt beziehungsweise gesteuert wird. Aber irgendwann schlägt dann doch die tief im Unterbewusstsein verankerte (und im Seminar nicht veränderte) Überzeugung wieder durch: »Meine Leute sollen gefälligst machen. Ich habe keine Zeit, ihnen permanent hinterherzulaufen.« Und dann verfallen sie wieder in ihre alten, etablierten (unglücklichen) Verhaltensmuster. Die im Unterbewusstsein manifestierte Überzeugung, die Mitarbeitenden hätten zu funktionieren, ist mächtiger als der bloße Vorsatz, Mitarbeitende bei ihrem Jobglück zu unterstützen.

Alte Haltung hindert an neuem Verhalten!

Und so werden sie nach einer gewissen Zeit das gleiche unglückliche Führungs-Verhalten an den Tag legen und bei ihrem Team Unzufriedenheit generieren. Vielleicht sogar ohne dass ihnen das selbst auffällt und ohne bösen Vorsatz.

c) Das Verhalten der Mitarbeitenden untereinander – Neid und Missgunst dominieren das Bild

Das von Druckausübung geprägte Verhalten der Mehrheit der Führungskräfte bedeutet ein schlechtes Vorbild für wertschätzende und erfolgreiche Zusammenarbeit der Mitarbeitenden. Mitarbeitende haben wenig Unterstützung, wenn es um eine glückliche Zusammenarbeit geht. Die Prinzipien zur Motivation (wie die der Macht- und Druckausübung) sowie Kritik und Sanktionen führen ganz im Gegenteil zu weniger Miteinander und mehr Gegeneinander. Sie treiben die Menschen auseinander und in die Abgrenzung.

Erschwerend hinzu kommt die ohnehin schlechte Haltung in unserer Gesellschaft gegenüber der Arbeitswelt. Und diese Haltung führt auch ohne die Beihilfe der Führungskräfte zu einem eher unbefriedigenden Arbeitsverhalten. Mittelmäßigkeit ist das Ergebnis. Fehler an der Tagesordnung. Diese sind die Grundlage für gegenseitige Vorwürfe, Schuldzuweisungen, für Ärger, Wut und damit für den Verlust aller Motivation. Die Kooperationsbereitschaft schwindet, wir beobachten ein Lagerdenken und Ausgrenzung. Wir erleben Neid, Missgunst und Gräben innerhalb und außerhalb der Teams. All das wird zur Normalität im zwischenmenschlichen Umgang.

d) Die Kultur und (Arbeits-)Lebensprinzipien im Unternehmen

Eine Kultur und die Prinzipien des Umgangs im Unternehmen, egal wie sie sein mögen, kann man Menschen nicht aufzwingen. Sie sind immer das Resultat von Verhalten und Erfahrungen, ganz besonders vom Verhalten der Führungskräfte und natürlich auch von allen Mitarbeitenden. Sie entstehen und manifestieren sich über einen längeren Zeitraum. Auszubildende bekommen so etwas nicht explizit beigebracht, sondern sie lernen im Erleben, »wie ihr Unternehmen funktioniert«. Sie erleben, wie Führungskräfte mit ihren Leuten umgehen und sie sich untereinander verhalten. Sie erleben, was geschieht, wenn jemand ehrlich einen Fehler zugibt oder wenn sich niemand traut, etwas zuzugeben und Schuldige gesucht werden.

Natürlich haben auch einige Unternehmen im unteren Teil der Pyramide schön visualisierte Leitbilder und Wertevereinbarungen getroffen und an einer prominenten Stelle im Unternehmen aufgehängt. Ich beobachte so etwas häufig. Wenn ich dann Mitarbeitende darauf anspreche, rollen die meisten mit den Augen und geben mir zu verstehen, dass es da nur steht, dass sich aber sowieso niemand daran hält. »Die Geschäftsleitung hat das aufgehängt«, heißt es.

Manche Unternehmen haben einen Kulturworkshop dazu durchgeführt. An die Inhalte kann sich zwar niemand mehr erinnern, aber das Ergebnis war nun mal dieses Plakat. Unternehmen im unteren Teil der Pyramide sind eben dadurch geprägt, dass sich das Verhalten der Beteiligten nicht an einem Plakattext orientiert, sondern durch die Haltung der Beteiligten. Und die Mehrheit der Beteiligten in Unglücklichen Unternehmen ist eben nicht davon überzeugt, dass die Arbeitszeit ein glücklicher und sinnvoller Teil des Lebens sein kann.

Ein Kulturworkshop hilft nichts, wenn das Mindset der Beteiligten zu Arbeit und Zusammenarbeit unverändert kritisch bleibt. !

Der Wirkungsprozess

Bei alldem, was Sie zu Unternehmen im unteren Teil der Pyramide gelesen haben, ist die Wirkungskette immer gleich: Das Mindset der Führungskräfte indiziert ein mehr oder weniger ausgeprägtes macht- und druckorientiertes Führungs-Verhalten. Dieses systemimmanente Verhalten produziert zu viele unzufriedene Mitarbeitende. Viele von ihnen haben aufgrund ihrer eigenen Prägung schon kein gutes Bild von der Arbeit und erhalten täglich durch das Verhalten ihrer Führungskräfte Beweise für ihre Überzeugung: Arbeit ist schrecklich. Letztendlich erleben sie ihre Führungskräfte auch als schrecklich, was die Haltung zu ihnen zusätzlich negativ verstärkt. Sie arbeiten ungern für ihre Führungskräfte. Sie kennen sicherlich den dazu passenden Spruch:

»Menschen kommen wegen der Unternehmen und gehen wegen ihrer Führungskräfte.«

In Abbildung 6 sehen Sie den Wirkungsprozess in Unglücklichen und Toxischen Unternehmen zwischen den Haltungen und Verhalten der Beteiligten sowie deren Wirkungen auf den (Miss-)Erfolg und die Schwächung der Mitarbeiterbindung.

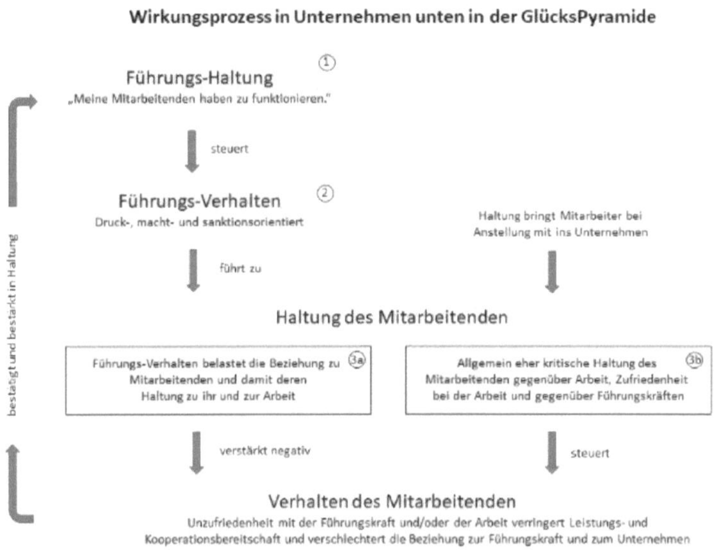

Abb. 6: Wirkungsprozess in Unternehmen unten in der Glückspyramide.

Führungs-Haltung und Führungs-Verhalten lassen eine Mitarbeiter-Haltung entstehen, die das Mitarbeiter-Verhalten beeinflusst.

Die Kettenreaktion

Wie Sie in der Abbildung 6 sehen können, steuert die Führungs-Haltung (1) das Verhalten der Führungskraft (2). Dies belastet die Beziehung zu ihren Mitarbeitenden. Diese entwickeln unweigerlich daraus eine kritische Haltung ihr gegenüber (3a). Zudem ist die Mitarbeitenden-Haltung zu Arbeit und Führungskräften gesamtgesellschaftlich betrachtet eher kritisch (3b). Diese Haltung, die sie im Zweifel schon vor Beginn der Tätigkeit im Unternehmen hatten, gepaart mit der Unzufriedenheit aufgrund des nachhaltig unbefriedigenden Führungs-Verhaltens führt zu noch größerer Unzufriedenheit mit der Arbeitsstelle und mit ihrer Führungskraft. Durch sie sinkt die Leistungsbereitschaft, und die Mitarbeiterfluktuation steigt. Diesen Wirkungsmechanismus hatten wir schon im ersten Kapitel identifiziert.

Frage: Würden Sie sich dauerhaft für eine Führungskraft einsetzen, der Sie egal sind?

Die Menschen in Unternehmen unten in der GlücksPyramide haben mehrheitlich ein schlechtes Gefühl im Kontext von Arbeit. Viel zu viele sind einfach zu unzufrieden. Dummerweise bestärkt sie dieses Gefühl in ihrer Überzeugung, wie Arbeit ist: nervig bis schrecklich (3b). Die Führungskräfte gelten als blöd (3a). Und so geht der Prozess in die nächste Runde und sorgt für die nächste negative Verstärkung.

Die Ursache der Ursache

Im ersten Kapitel haben wir fünf der typischen Herausforderungen und Probleme der Unternehmen beziehungsweise der Führungskräfte mit ihren Mitarbeitenden exemplarisch für eine Vielzahl solcher Herausforderungen analysiert. Es ging um die Probleme mit zu hoher Fluktuation, zu hohen Krankenständen und Fehlerquoten sowie mit einem unmotivierten Vertrieb und unzufriedenen Kunden. Die Analyse ergab, dass die Ursache für all diese Krankheitsbilder eine zu große Unzufriedenheit der Beteiligten im Kontext von Arbeit ist.

Mit der oben beschriebenen Wirkungskette haben wir nun die Ursache der Ursache gefunden. Die Ursache für die große Unzufriedenheit die wiederum die Ursache für die Probleme der Unternehmen ist: die Haltung.

Die unglücklichen Haltungen aller Beteiligten machen in der Summe das unglückliche Mindset eines Unternehmens aus und den Erfolg zunichte. !

Die Haltungen steuern das Verhalten auf allen Ebenen, und dieses führt im Ergebnis zu großer gemeinschaftlicher Unzufriedenheit, durch die reichlich Krankheitsbilder und letztlich nur begrenzte Erfolge entstehen. Selbst wenn nun einzelne Führungskräfte in einem Unglücklichen Unternehmen die Zufriedenheit ihrer Mitarbeitenden in den Fokus nehmen, bleibt die Mehrheit im Unternehmen im kritischen Mindset verhaftet. Dies wird sich im Verhalten manifestieren und die Kultur und Werte prägen Das Unternehmens-Mindset ist die Sollbruchstelle für wirkliches Gernemachen und damit auch die Sperre, für den Aufstieg in den oberen Teil der Pyramide.

Verteilung der Unternehmen in der Glückspyramide

Um eine Einschätzung über die Verteilung der Unglücklichen und Toxischen Unternehmen in der Pyramide zu erhalten, können wir die Erkenntnisse der Organisationspsychologie nutzen. Hier werden die Paradigmen, die im Kontext der Glückspyramide im unteren Bereich zuzuordnen sind, in etwa mit einem Anteil von siebzig bis achtzig Prozent aller Unternehmen beziffert. Bei solchen Anteilen fällt mir sofort das Bild eines Eisberges ein. Zwanzig Prozent schwimmen über dem Wasser, der Großteil ist unter Wasser. Die Erfahrungen, die ich in den letzten zwanzig Jahren mit vielen Unternehmen machen durfte, haben mich auch zu dieser Einschätzung kommen lassen.

Ganz grob ist die Verteilung der Unternehmen wie in Abbildung 7 dargestellt. Die Unternehmen oben haben einen Anteil von etwa zwanzig Prozent, die unten einen von ungefähr achtzig Prozent, wobei die Höhe der Trennlinie zwischen den Toxischen und den Unglücklichen Unternehmen nur auf einer Einschätzung basiert, da es hierzu noch keine validen empirischen Daten gibt. Wir dürfen aber davon ausgehen, dass die Gruppe der Unglücklichen Unternehmen, unten grau markiert, die weitaus größte Gruppe in der Pyramide ist.

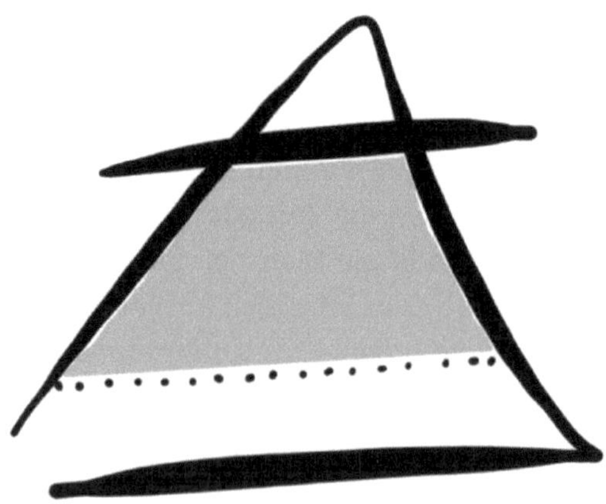

Abb. 7: Meist sind Betriebe in der »Grauzone«, also Unglückliche Unternehmen.

4.2.2 Unternehmen oben in der Glückspyramide

Die Arbeitswelt im oberen Bereich der Pyramide erscheint gänzlich anders. Die Unternehmen ticken anders. Es beginnt damit, dass Arbeit, Zusammenarbeit und Führung von der Mehrheit der Beteiligten anders gedacht und erst recht anders gemacht wird. Um dies zu verstehen und ein Bild von solchen Unternehmen zu erhalten, benenne ich zunächst die grundlegenden Merkmale, wie die Haltungen der Beteiligten und die daraus entstehende Verhaltensprinzipien. Danach gebe ich Ihnen wieder anhand der vier Begleitfaktoren ein paar Beispiele.

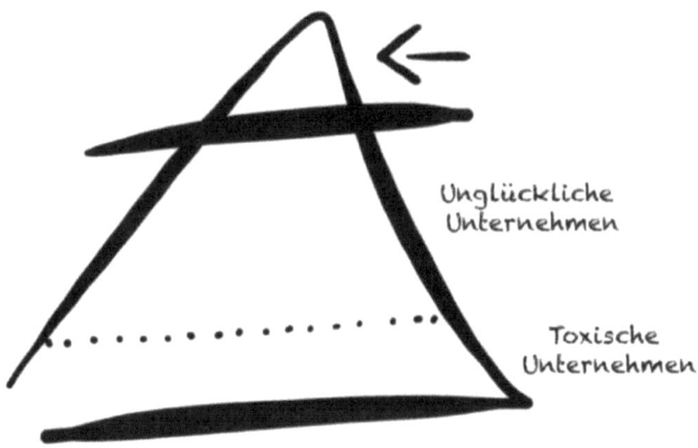

Abb. 8: Die Glückspyramide der Unternehmen..

Die Führungs-Haltung in Unternehmen oben in der Glückspyramide

Den meisten Führungskräften ist es ein Anliegen, dass ihre Mitarbeitenden gerne zur Arbeit kommen. Sie haben den Wirkungsmechanismus zwischen Zufriedenheit und Erfolg nicht nur rational verstanden, sondern diese große Erkenntnis ist zu ihrer Grundüberzeugung geworden: Sie glauben daran, dass Zufriedenheit und Glück zu besseren Ergebnissen führen.

Der Mehrheit der Führungskräfte ist es ein ehrliches Anliegen, dass ihre Mitarbeitenden ihr Jobglück finden können.

Diese auf das Jobglück der Beteiligten fokussierte Haltung führt natürlich zu einem gänzlich anderen Führungs-Verhalten als in den Unternehmen im unteren Bereich der Pyramide. Das Interesse der Führungskräfte ist es, dass ihre Mitarbeitenden insgesamt ein gutes Gefühl mit ihnen als Führungskraft, in ihrem Team und auch mit allen anderen Beteiligten haben. Dazu ist es ihnen auch ein Anliegen, mit ihren Mitarbeitenden eine gute Beziehung aufzubauen. Persönliche Nähe und auch mal etwas Raum für private Themen lassen starke Verbindungen wachsen und Vertrauen entstehen.

Die Motivationsprinzipien in solchen Unternehmen

Wie wir im dritten Kapitel gesehen haben, führt die Fokussierung auf das Jobglück der Beteiligten unweigerlich zu Erfolg und weiteren positiven Effekten. Gernemachen bedeutet Gutmachen, und dann ist Erfolg, wie Sie gesehen haben, das logische Ergebnis. Der Wirkungsmechanismus ist:

Die Führungs-Haltung ist der Schlüssel zum Jobglück der Mitarbeitenden, und dies ist der Generalschlüssel zum Erfolg und starker Mitarbeiterbindung.

Es bedarf also keines expliziten Verhaltens durch die Führungskräfte, durch das sie ihre Mitarbeitenden zur Arbeit pushen. Es reicht die Unterstützung beim Gernemachen.

Die Haltung der Mitarbeitenden

In dieser Welt sind die Mitarbeitenden mehrheitlich der Auffassung, dass Zufriedenheit im Beruf möglich ist und streben diese auch an. Sie wollen, wie schon häufig erwähnt, Arbeit als sinnvollen und glücklichen Teil ihrer Lebenszeit erleben und sind selbstverständlich auch bereit, etwas dazu beizutragen. Auch ist ihnen eine gute, vertrauensvolle, ehrliche, wertschätzende und auf gegenseitigem Wohlwollen basierende Beziehung zu ihren Kolleginnen und Kollegen und sogar zu ihrer Führungskraft wichtig. Sie wissen, dass dies alles Glücksfaktoren für sie sind, und daher haben sie diese Aspekte auf ihrem Radar.

Vertrauenswelt

In so einer Welt fällt das Führungs-Verhalten auf fruchtbaren Boden. Führungskräfte erleben, wie sich ihre Mitarbeitenden zuverlässig und verantwortungsbewusst engagieren und bereitwillig zum guten Klima und Erfolg des Teams, der Abteilung beziehungsweise des ganzen Unternehmens beitragen. Mitarbeitende erleben wiederum die Unterstützung und Fürsorge ihrer Führungskräfte. Beide beteiligten Personengruppen leisten gemeinsam Beiträge sowohl für ein gutes Gefühl beim Miteinander als auch zum Unternehmenserfolg. Dann entstehen wirklich vertrauensvolle Zusammenarbeit und ein glückliches Miteinander. Insofern nenne ich diese Unternehmenswelten »Vertrauenswelt«. Miteinander, gegenseitiges Vertrauen und Fürsorge sind die typischen Kennzeichen.

In Unternehmen im oberen Bereich der Pyramide ist das gegenseitige Vertrauen der Beteiligten ein zentrales Element. !

Kurz gesagt: Da treffen sich zwei Parteien und beschließen, ihre Arbeit gemeinsam, vertrauensvoll, glücklich und gut zu machen.

Ob aufgrund von schwierigen Marktentwicklungen oder aus anderen Gründen, das gegenseitige Vertrauen hilft ihnen, auch Krisen besser zu bestehen. Denn auf einer vertrauensvollen Basis führen schwierige Entwicklungen nicht sofort dazu, dass die Beteiligten in die Konfrontation gehen, sondern gemeinsam Lösungsideen kreativ und kooperativ entwickeln und dann umsetzen.

Gegenseitiges Vertrauen erleichtert das Tagesgeschäft und hilft, Krisen besser zu bewältigen. !

Ist das wirklich so?

Kann es sein, dass Sie bei der bisherigen Darstellung der Unternehmen im oberen Bereich der Pyramide Ihr Unternehmen nicht wiederfinden? Statistisch gesehen ist es zumindest wahrscheinlich. Wie sie bei der Verteilung der Unternehmen in der Pyramide gesehen haben, ist diese Gruppe der Unternehmen in der Minderheit. Vielleicht haben Sie beim Lesen der letzten Absätze sogar das Gefühl, dass diese Haltungen und die Verhaltensweise in so einer Vertrauenswelt zu theoretisch und etwas übertrieben dargestellt sein könnten. Ich darf Sie wieder beruhigen. Auch im oberen Teil der Pyramide unterscheiden sich die Unternehmen zuweilen stark, und es sind keine paradiesischen Schlaraffenland-Unternehmen.

Unternehmen, die es gerade erst geschafft haben, in den oberen Teil der Glückspyramide aufzusteigen, erleben so ein umfassendes, vertrauensvolles Miteinander, natürlich noch nicht in ihrer reinen Form. In diesen Unternehmen haben sowohl einige Führungskräfte als auch Mitarbeitende die oben beschriebenen Haltungen vielleicht noch nicht völlig verinnerlicht. Sie sind möglicherweise noch skeptisch gegenüber dieser Art der Zusammenarbeit. Sie trauen »dem Braten« noch nicht, vielleicht auch ihrer Führungskraft oder Geschäftsführung noch nicht. Andere fallen vielleicht zeitweise in alte Bewertungs- und Verhaltensmuster zurück.

Je mehr sich aber alle darauf einlassen und auf der Verhaltensebene ihre glücklichere Haltung zu Arbeit, Zusammenarbeit und Führung (aus-)leben, desto weiter steigt das Unternehmen in die Spitze der Pyramide auf. Den Aufstiegsprozess in den oberen Teil der Pyramide sowie einen weiteren Aufstieg in die Spitze werde ich Ihnen im sechsten Kapitel beschreiben. Sie werden sehen, das ist kein Hexenwerk. Es ist machbar, auch wenn Sie, sehr verehrte Leserinnen und Leser, es sich jetzt vielleicht noch nicht vorstellen können.

Um Ihnen aber eine Vorstellung zu geben, wie solche Unternehmen in der Realität aussehen, gebe ich Ihnen auch hier anhand der vier Begleitfaktoren Beispiele dafür, wie eine auf das Jobglück fokussierte und auf gegenseitigem Vertrauen basierende Vertrauenswelt aussieht.

a) Die Rahmenbedingungen

So wie in den Toxischen Unternehmen die Rahmenbedingungen die Haltung widerspiegeln, ist es auch in den Unternehmen oben. Nur das Ergebnis ist umgekehrt: Mitarbeitende sollen ein gutes Gefühl im Kontext von Arbeit und in ihrem Unternehmen bekommen. Da wären unfaire Arbeitsverträge Gift fürs gute Gefühl und eine vertrauensvolle Beziehung. Partnerschaftliche Augenhöhe ist das Stichwort in diesem Zusammenhang und die Messlatte für alles Vertragliche.

Die Prozesse, insbesondere das Einstellungsverfahren und Onboarding, zeigen es besonders deutlich: Alles ist auf das Jobglück ausgerichtet. Medienwirksam wird nach außen herausgestellt, wie wichtig den Unternehmen das Jobglück seiner Mitarbeitenden ist. In jedem Schritt des Einstellungs- und Onboardingprozesses ist es Thema. Alle am Prozess Beteiligten sprechen die Relevanz an, und die Bewerbenden können an den strahlenden Augen dieser Personen ablesen, dass das, wovon sie sprechen, nicht nur auf einem Plakat im Eingangsbereich steht, sondern tatsächlich von den Menschen im Unternehmen (mehrheitlich) gelebt wird. Die Idee, die sie dem Bewerbenden nahebringen, ist:

»Werde glücklich bei uns, wir sind es auch!«

Strahlende Augen treffen auf begeisterte Gesichter

Das Anliegen der Führungskräfte und ihrer Mitarbeitenden ist es, Menschen zu finden, die zu ihrem Mindset passen. Die auch auf ein Gernemachen hinauswollen. Die auch Beiträge zum gemeinsamen, erfolgreichen und glücklichen Miteinander leisten wollen. Deshalb ist es wichtig, die wahre Haltung des Bewerbenden zu Arbeit und Zusammenarbeit herauszufinden. Leider ist es nicht leicht, das herauszufinden. Im Idealfall treffen im Bewerbungsgespräch beim Thema Jobglück die strahlenden Augen der Einstellenden auf die begeisterten Gesichter des Bewerbenden.

Ehrlichkeit ist die Grundvoraussetzung für Vertrauen

Schon in den ersten Gesprächen mit den Bewerbenden wird explizit auf die große Relevanz von Vertrauen und Ehrlichkeit hingewiesen. Für einige Bewerbende ist diese Explizitheit des Themas irritierend. Scheint es doch sehr verbreitet zu sein, sich als Unternehmen und Bewerber gegenseitig besser darzustellen, als man vielleicht ist. Hier präsentiert sich das Unternehmen ehrlich und authentisch mit all seinen Vor und Nachteilen und fordert den Bewerbenden auch dazu auf. Die Begründung ist einfach: Wie soll eine vertrauensvolle Beziehung entstehen, wenn man sich im Bewerbungsgespräch schon raffiniert-verantwortungslos[27] verhält?

Wenn Unehrlichkeit schon im Bewerbungsgespräch anfängt, wie soll dann eine ehrliche und vertrauensvolle Beziehung entstehen?

Apropos Ehrlichkeit: Es wird auch vermieden, dem Bewerbenden zu suggerieren, dass es sich bei dem Unternehmen um einen Urlaubs- und Partybetrieb handelt. Sie erinnern sich, Jobglück hat mit Sozialromantik nichts zu tun. Und das müssen die potenziellen neuen Mitarbeitenden unbedingt verstehen. Es geht ums Gernemachen! Darum, dass die richtige Tätigkeit für sie gefunden wird, in der sie dann mit großer Zufriedenheit performen können.

Der Deal

Deshalb schließen zum Beispiel einige Führungskräfte mit ihrem neuen Teammitglied, unabhängig von den arbeitsvertraglichen Vereinbarungen, einen besonderen Deal[28]. Er besteht aus drei Elementen:

---

[27] Die Begrifflichkeit »raffiniert-verantwortungsloses Verhalten« ist ein Element des Konzeptes der »Skala der Ehrlichkeit«, das ich entwickelt habe, da in einer auf Vertrauen basierenden Welt Ehrlichkeit ein elementarer Bestandteil ist. Allen Beteiligten muss aber auch klar sein, dass einige Menschen in unserer Gesellschaft, insbesondere in den Unternehmenswelten im unteren Teil der Pyramide, zwischen Ehrlichkeit und Unehrlichkeit eine für sie günstige Grauzone erschaffen. Gerade im Bewerbungsgespräch kann man dieses Verhalten beobachten. Sie versuchen durch raffiniertes Kommunizieren besser dazustehen. Dass dies die Beziehung belastet, wenn eine falsche Behauptung herauskommt, ist verantwortungslos. Dies sollten alle Beteiligten in einer Vertrauenswelt verstanden haben. Um das vermittelbar zu machen, habe ich dieses Konzept entwickelt. Mehr zur Skala der Ehrlichkeit finden Sie in Pothmann 2021b, S. 121–124.

[28] Mehr zu diesem Deal finden Sie in Pothmann 2021b, S. 47–53 und Pothmann 2021c, S. 30–33.

1. Wir prüfen gemeinsam, dass die Tätigkeit, für die wir dich einstellen, auch zu dir passt, sie dir leichtfällt, sodass ein Gernemachen und Gutmachen für dich möglich ist.
2. Wir unterstützen dich darin, noch besser zu werden, und helfen dir mit unserer Art der Zusammenarbeit und Führung, dein Jobglück zu behalten, sodass du auch dauerhaft gerne und gut deine Tätigkeit erledigen kannst.
3. Im Gegenzug vertrauen wir darauf, dass du dann auch wirklich deinen Job engagiert und gut machst. Denn dann erst geht die Rechnung für alle auf und alle gewinnen.

Der Deal: Die Führungskraft unterstützt ihren Mitarbeitenden bei seinem Jobglück. Er unterstützt sie beim Erfolg.

Dieser Deal hört sich vielleicht zunächst trivial an, er hat aber große Bedeutung für die zukünftige Beziehung und Zusammenarbeit. Die Verantwortung für das Jobglück der Beteiligten wird durch ihn explizit auf beide Schultern verteilt und die Relevanz von gegenseitigem Vertrauen herausgestellt.

b) Das Führungs-Verhalten

»In Unternehmen im oberen Bereich der Pyramide haben Führungskräfte die Pflicht, ihre Mitarbeitenden zu kontrollieren.« Als ich dies einer meiner angehenden Führungskräfte auf einer Autofahrt zu einer unserer Filialen erzählte, erstarrte sie auf dem Beifahrersitz zu einer Salzsäule. Diese Äußerung passte ihres Erachtens so gar nicht in unsere Vertrauenswelt, von der ich zuvor ausführlich berichtet hatte. Sie kannte unsere Unternehmen und konnte nicht glauben, was ich da von mir gegeben habe. Sollte ich etwa mit dieser Äußerung mein wahres Gesicht gezeigt haben? Sie offenbarte mir später, dass sie kurzzeitig diesen Gedanken hatte. Dieses Risiko bin ich bewusst eingegangen.

Wollte ich doch erreichen, dass das, was ich ihr im Anschluss sagen wollte, auch im Kopf wirklich hängen bleibt. Starke Gefühle in diesem Zusammenhang zu produzieren ist fürs Erinnern äußerst hilfreich. Klar ist, dass die meisten Menschen mit Kontrolle unmittelbar das Suchen und Finden von Fehlern verbinden. Unsere Erfahrungen mit Kontrolle sind so und deshalb sind wir bezüglich Kontrollen auch entsprechend geprägt: Sie sind negativ. Wir mögen sie nicht!

Diese Prägung für meine Mitarbeiterin fühlbar zu machen, war der erste Schritt. Der zweite Schritt in ihrem kurzen Erkenntnisprozess, sollte sein, dass sie trotz dieser Prägung bewusst ihren Blick auf das Gute, auf die tollen Leistungen ihrer zukünftigen Mitarbeitenden lenkt und entsprechend wertschätzend markiert.

Fehler bei anderen zu sehen fällt vielen leicht. Für Führungskräfte in Unternehmen im oberen Bereich der Pyramide ist es wichtig, zu lernen, besonders die guten Verhaltensweisen ihrer Mitarbeitenden zu feiern.

Wenn es um Kontrolle geht, sind wir eher darauf trainiert, den Fokus auf die Fehler und nicht auf das Gute oder Erreichte zu richten. Aber genau darauf wollte ich hinaus. Eine Führungskraft in einer Welt oben in der Glückspyramide muss in der Lage sein, beides wahrzunehmen und je nach Situation das eine, das andere oder beides in einer passenden Form anzusprechen. Oder es einfach nur wahrzunehmen, ohne es sofort aussprechen zu müssen. Die Geschäftsführung muss der Führungskraft die dazu notwendigen Controllinginstrumente zur Verfügung stellen.

Wertschätzung

Wir haben uns schließlich geeinigt, dass die Bezeichnung »Kontrolle« natürlich hochgradig irreführend für sie war. Wir umschrieben die Sache mit »Begleitung beim Gernemachen«. Ihre Aufgabe bestand darin zu sehen, was gut läuft und womit die Mitarbeitenden sich noch schwertun. Ihre Aufgabe war, ihnen dafür viel Wertschätzung und Anerkennung auszusprechen. Das ist Balsam für die Seele und gehört zu den größten Glücksfaktoren für uns Menschen. Genauso sollte sie natürlich auch konstruktive Verbesserungstipps geben, gar keine Frage.

Wertschätzung ist Balsam für die Seele der Mitarbeitenden. !

c) Das Verhalten der Mitarbeitenden untereinander

Großes gegenseitiges Vertrauen und gute Verbindung macht es möglich: Führungskräfte geben einzelne Mitarbeitende und ihre Teams frei. Frei, um Dinge selbstverantwortlich regeln zu können. Mitarbeitende und Teams übernehmen Eigenverantwortung und organisieren sich selbst. Wie großartig für sie und wie entlastend für die Führungskraft. Alle gewinnen.

Warum können das Führungskräfte mit einem guten Gefühl tun? Weil sie nicht nur dafür gesorgt haben, dass jeder einzelne Mitarbeitende seine Arbeit gerne machen kann und will, sondern auch dafür, dass alle gemeinsam einen guten Draht zueinander haben und zusammen und miteinander arbeiten wollen. Es herrschen eine große gegenseitige Akzeptanz aller Beteiligten und gute Beziehungen. Das lässt Kooperationsbereitschaft wachsen. Damit geht alles leichter. Und das hat auch zur Folge, dass, wenn es mal nicht rund läuft, die Probleme klein bleiben, weil sie zeitnah behoben werden. Häufig auch ohne Beteiligung der Vorgesetzten.

Gute Beziehungen untereinander sind der Nährboden für große Kooperationsbereitschaft.

Gegenseitige Fürsorge

Mit dem oben beschriebenen Mindset erleben die Menschen in Unternehmen im oberen Bereich der Pyramide etwas Wundersames. Nicht der egoistische Gedanke, wie häufig in der Pyramide unten, ist Auslöser für Verhalten, sondern die guten Beziehungen und das gute Klima. Dies bewirkt, dass die Menschen füreinander Verantwortung übernehmen, sogar für ihre Führungskraft. Man achtet aufeinander. Der Begriff dafür ist: Benevolenz.[29]

Hüter glücklicher Zusammenarbeit

Die Mitarbeitenden in Unternehmen oben in der Glückspyramide erkennen schnell, wie groß ihr eigener Glücksertrag in ihrem Unternehmen ist. Sie haben ein Interesse am Erhalt dieser Qualität der Zusammenarbeit. Sie setzen sich selbst für den Erhalt aktiv ein. Sie werden zu Hütern dieser besonderen Art der Zusammenarbeit.

[29] Vgl. Eller 2022, S. 35–44.

Gutes Klima fällt nicht vom Himmel. Es ist eine Gemeinschaftsleistung aller Beteiligten. Das sollten alle wissen. !

d) Die Kultur und (Arbeits-)Lebensprinzipien im Unternehmen

Die beiden nächsten Merksätze geben Ihnen meines Erachtens die beste Möglichkeit, einen Eindruck zu erhalten, wie die (Arbeits-)Lebensprinzipien in einer Vertrauenswelt sind:

Behandele die Menschen so, wie du selbst behandelt werden möchtest. !

Den Spruch kennen wir alle. Wir erleben aber, wie viele Menschen täglich dagegen verstoßen. Im Kontext von Arbeit insbesondere von Zusammenarbeit mit Kollegen und Kolleginnen und Vorgesetzten kann man es auch so ausdrücken:

Denk darüber nach, was dein Verhalten und auch dein Unterlassen für den anderen bedeutet. !

Die Menschen in Unternehmen im oberen Teil der Pyramide sind mehr bereit, sich in ihre Kolleginnen und Kollegen sowie Vorgesetzte hineinzuversetzen und zu überlegen, wie ihr eigenes Verhalten auf diese wirkt. Sie denken über die Folgen ihres Handelns und auch Unterlassens für andere nach. Das hat einen großen Wert. Viele Probleme, mit denen sich Menschen in den Unternehmen im unteren Bereich der Pyramide herumschlagen, entstehen in Unternehmen oben durch diese gelebten Verhaltensprinzipien erst gar nicht.

Tägliche Beweise: Individuelles Jobglück führt zu kollektivem Jobglück

Mit den Beispielen haben Sie erfahren, wie die vier Begleitfaktoren mit Leben gefüllt sein können, wenn es um die Art der Zusammenarbeit und Führung in Unternehmen im oberen Teil der Pyramide geht. Hier geben und erhalten die Beteiligten täglich Beweise für den Wert ihres Miteinanders. Sie machen viele gute Erfahrungen. Diese bestärken sie darin, dass ihre positive Haltung richtig ist. Und noch viel besser: Mit diesen guten Erfahrungen sind auch immer gute Gefühle verbunden. Das Jobglück des Einzelnen hat Auswirkungen auf das der anderen, auch über die Abteilungsgrenzen und Hierarchieebenen hinaus. Hier wird aus der Summe des individuellen Jobglücks ein kollektives Jobglück.

In Unternehmen oben in der Glückspyramide wird aus der Summe des individuellen Jobglücks ein kollektives Jobglück. !

Ein glückliches Mindset

Die positiven Haltungen der Beteiligten zu Arbeit, Zusammenarbeit und Führung sind die Basis. Ein daraus resultierendes Verhalten sorgt, wie wir an den Beispielen sehen konnten, für gute Erfahrungen. Diese sorgen für eine noch stärkere Verankerung ihrer Überzeugungen im Unterbewusstsein. Diese positiven Erfahrungen wirken auch kräftigend auf die Beziehung zwischen den Führungskräften und ihren Mitarbeitenden. Beide bestärken sich gegenseitig mit ihrem Verhalten.

Wenn es eingangs hieß, dass es in Unternehmen im oberen Teil der Pyramide den Führungskräften mehrheitlich ein Anliegen ist, ihre Mitarbeitenden bei ihrem Jobglück zu unterstützen, dann wird jetzt deutlich, dass mehr geschieht. Die Mitarbeiterinnen und Mitarbeiter engagieren sich nicht nur, sondern sie entwickeln eine Haltung gegenüber ihrer Führungskraft, die für zukünftiges engagiertes Handeln hilfreich ist und auf deren Basis auch künftig auftretende Probleme mit größerer gegenseitiger Akzeptanz besser gelöst werden können. Durch die guten Erfahrungen mit ihren Führungskräften entwickeln ihre Mitarbeitenden eine besondere Haltung:

Meine Führungskraft setzt sich für mich ein, dann mache ich das auch für sie.

Gleiches gilt für die Haltung der Mitarbeitenden zueinander und ihre Beziehungen untereinander. So entsteht ein glückliches Mindset eines Unternehmens.

Der Wirkungsprozess

Der Wirkungsprozess sieht in Unternehmen oben in der Pyramide wie in Abbildung 9 aus:

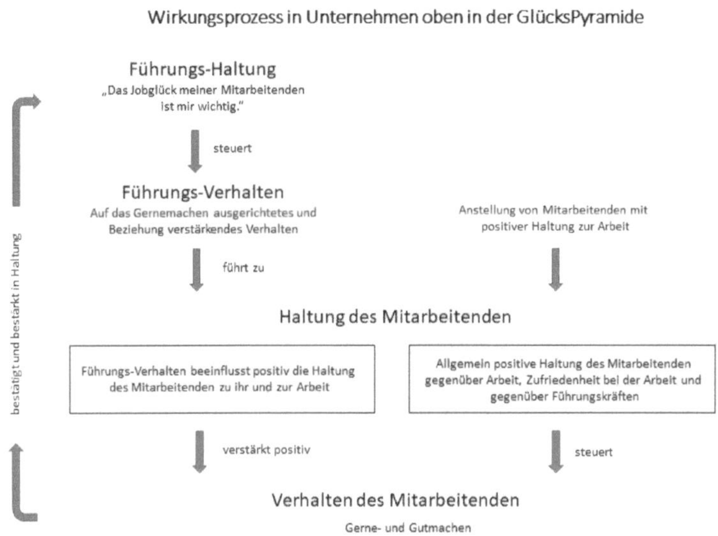

Abb. 9: Wirkungsprozess in Unternehmen oben in der Glückspyramide.

Der Wirkungsmechanismus, der im dritten Kapitel vorgestellt wurde, bei dem durch das Jobglück Erfolg und starke Mitarbeiterbindung entsteht, erhält nun einen Turboschalter: die guten Beziehungen zwischen Führungskraft und ihren Mitarbeitenden. Es wird aus dem Wirkungsmechanismus ein ganzer Wirkungsprozess. Das Jobglück der Beteiligten löst eine Kettenreaktion aus. Denn neben den positiven Effekten des Wirkungsmechanismus entsteht zudem eine Haltung der Mitarbeitenden ihren Führungskräften gegenüber, die mit großer Akzeptanz und viel Wohlwollen zu tun hat. Mit so einer Haltung werden Mitarbeitende sich im Zweifel und in der Folge noch mehr und noch verlässlicher einbringen und selbst in schwierigen Zeiten ihre Führungskraft unterstützen. In Unglücklichen Unternehmen würden sie sie im Zweifel mit ihrem Problem untergehen lassen.

Glückliche Unternehmen

Dieser Wirkungsprozess führt zu dem gerade beschriebenen glücklichen Mindset. Dieses ist charakteristisch für Unternehmen im oberen Teil der Glückspyramide. Deshalb nenne ich sie der Einfachheit halber Glückliche Unternehmen.

Ich weiß, dass diese Bezeichnung ein Störgefühl auslösen kann. Glückliche Unternehmen? Was soll das sein? Muss ich jetzt etwa alle meine Mitarbeitenden glücklich machen? Nein, es geht um die eigene Haltung und darum, die gute Haltung der anderen zu fördern, sodass mehr Jobglück und wirtschaftlicher Erfolg möglich werden. Es geht um die Verbreitung des Gerne- und Gutmachens.

Und natürlich ist auch klar, dass so wie die Unternehmen unten in der Pyramide sich sehr stark darin unterscheiden, wie intensiv die Unzufriedenheit im Unternehmen Raum einnimmt. Genauso unterschiedlich kann es eben auch mit dem Jobglück in Glücklichen Unternehmen sein. Niemand erwartet, dass in einem Glücklichen Unternehmen hundert Prozent der Mitarbeitenden und Führungskräfte dauerhaft happy sind, dass es keine Krisen gibt und dass alles wie im Schlaraffenland läuft. Nein, das wäre naiv zu glauben. So ist die Welt, insbesondere die Arbeitswelt nicht. Was Glückliche Unternehmen sind, lässt sich am besten mit diesen zwei Sätzen beschreiben:

In Glücklichen Unternehmen sind die Menschen mehrheitlich zufrieden mit dem, was sie im Kontext von Arbeit bekommen erfahren und erleben. Dieses gute Gefühl bindet sie an ihr Unternehmen und motiviert sie, es erfolgreich zu machen.

Im Gegensatz zu den Toxischen und Unglücklichen Unternehmen sind in Glücklichen Unternehmen die vier Begleitfaktoren auf Jobglück ausgerichtet. Es herrscht ein mehrheitlich gutes Gefühl der Beteiligten hinsichtlich der Arbeit.

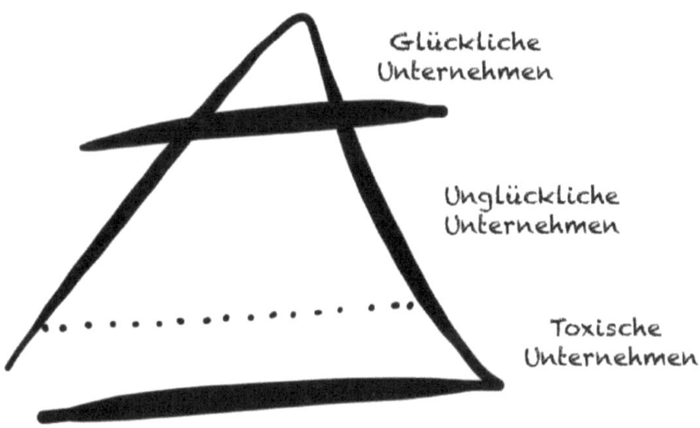

Abb. 10: Glückspyramide der Unternehmen mit Toxischen, Unglücklichen und Glücklichen Unternehmen

Jobglück kann noch mehr: Das Multifunktionswerkzeug

Fassen wir mal zusammen: Wenn Unternehmen in Zukunft erfolgreich sein und ihre Mitarbeiterinnen und Mitarbeiter an sich binden wollen, dann muss die Zufriedenheit am Arbeitsplatz zur zentralen Zielgröße unternehmerischen Handelns werden. Das Gernemachen ist die Zielgröße. Bei näherem Hinsehen stellt sich heraus, dass mittels dieses Fokus sogar das Mindset eines ganzen Unternehmens positiv beeinflusst werden kann, dass es zu einem glücklichen Mindset eines Unternehmens werden kann.

Jobglück konstituiert das Mindset eines Glücklichen Unternehmens.

So gesehen ist Jobglück ein wundersames Multifunktionswerkzeug.

4.2.3 Zwei entgegengesetzte Unternehmenswelten

Wir haben gesehen: Alles beginnt mit der Haltung der Beteiligten. Diese steuert das Verhalten der Beteiligten in Richtung Gernemachen oder eben in die entgegengesetzte Richtung. Der Wirkungsmechanismus führt dann zum erwarteten Ergebnis. Dieser Wirkungsmechanismus ist Teil eines umfassenden Prozesses, in welchem die Haltungen der Beteiligten bestätigt und damit manifestiert werden. Diese Haltungen prägen das Mindset des gesamten Unternehmens. Wir haben gesehen: Das Ergebnis des kollektiven Verhaltens unterscheidet sich nicht nur im Ausmaß des wirtschaftlichen Erfolges, sondern auch im Gefühl der Beteiligten: Entweder sind die Menschen zufrieden und glücklich bei der Arbeit oder frustriert und unglücklich. Größer kann der Unterschied in den Unternehmenswelten nicht sein.

Eine Betondecke trennt die Welten

Vor diesem Hintergrund dürfte es Sie nicht überraschen, wenn ich Ihnen sage, dass ein Unternehmen sich nicht von unten in den oberen Teil der Glückspyramide einfach entwickeln kann, in dem es alles ein bisschen zufriedener für seine Mitarbeitenden gestaltet. Nach dem Motto: »Wir haben jetzt doch auch einen Kicker im Pausenraum stehen.« Nein, solange das Mindset des Unternehmens so ist, wie es für Unternehmen im unteren Teil der Pyramide typisch ist, bleiben sie auch als Unternehmen dort. Bei der Linie, wie sie in Abbildung 11 in der Pyramide eingezeichnet ist, handelt es sich also eher um eine Betondecke, welche die Macht- und Druckwelt von der Vertrauenswelt trennt.

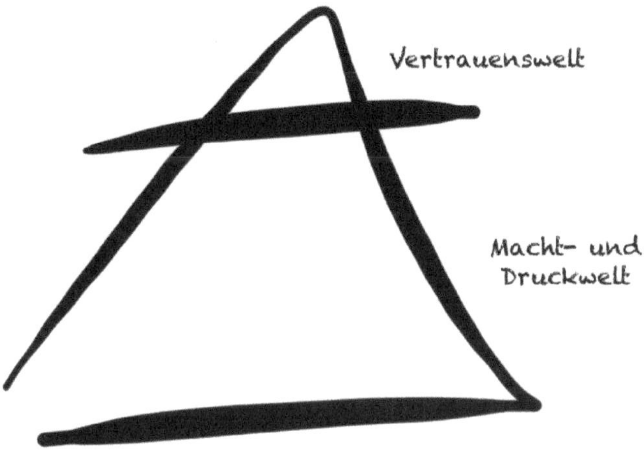

Abb. 11: Glückspyramide der Unternehmen mit der Trennung zwischen der Macht- beziehungsweise Druckwelt und der Vertrauenswelt.

Ein bisschen schwanger geht nicht

Dieses »Entgegengesetzte« möchte ich Ihnen an einem kleinen Beispiel demonstrieren: Für die Mitarbeitenden wird ein Automat zum kostenfreien Verzehr von Cappuccino aufgestellt. In dem einen Unternehmen freuen sich die Mitarbeitenden über den Cappuccino-Automaten, den die Geschäftsleitung gekauft und für sie aufgestellt hat. Sie werten die Maßnahme als Dankbarkeitsgeste der Geschäftsführung für deren gute Arbeit. In Unglücklichen und erst recht in Toxischen Unternehmen ist die Reaktion der Mitarbeitenden eher so:

»Was bringt mir der kostenfreie Büro-Cappuccino, wenn ich täglich von meiner Führungskraft schlecht behandelt werde, sodass nicht mal der teure ergonomisch geformte Schreibtischstuhl meine geistigen und körperlichen Verspannungen lösen kann.«

In solchen Unternehmen bewerten die Mitarbeitenden auf Basis ihrer kritischen Haltung gegenüber ihren Führungskräften. Sie wittern, dass der Cappuccino-Automat nicht von Herzen kommt, sondern doch nur dazu dient, dass sie noch fleißiger dienen sollen.

Solange das Mindset der Beteiligten in einem Unternehmen so bleibt wie es ist, bleibt das Unternehmen in dem Teil der Pyramide, in dem es ist.

Dadurch ist auch erklärbar, warum selbst pompöse Unternehmensveranstaltungen wie zum Beispiel Weihnachtsfeiern oder andere gut gemeinte Incentives, bei den Mitarbeitenden nicht ankommen und wenig bis gar nichts bewirken. Selbst hoch motivierte Feelgood-Manager oder Chief Happiness Officer werden deshalb in Unternehmen unten in der Pyramide wenig erreichen können.

Die Notwendigkeit einer Transformation

Natürlich kann ein Unternehmen im unteren Teil der Pyramide weiter nach oben aufsteigen. Aber es kann sich nicht mit denselben Denk- und Verhaltensansätzen zu einem Glücklichen Unternehmen entwickeln. Die Paradigmen negativ geprägter Unternehmen sind zu manifest. Deshalb ist die Betondecke so dick. Gleiches sagt die Entwicklungspsychologie, die die Grundlage für die Organisationsentwicklung ist. Deren Stufenmodelle, von denen ich Ihnen das von Frederic Laloux exemplarisch in der Einführung vorgestellt habe, betonen allesamt, dass es zu einem Aufstieg in die nächste Entwicklungsstufe, also zu einem neuen Paradigma, einer Transformation bedarf. Nötig ist ein in der Regel intensiver Prozess von einem Unternehmensparadigma zum nächsthöheren.[30] Dem stimme ich zu. Um als Unternehmen in den oberen Teil der Pyramide aufzusteigen, um an der Betondecke vorbeizukommen, kommt man um eine Transformation des Mindsets nicht herum. Denn:

Es ist schwierig, etwas Neues zu (er-)schaffen, wenn man mit seinem alten Denken weitermachen möchte.

4.3 Was die Menschen in den Unternehmen in Zukunft erleben werden

Während im vorherigen Kapitel 4.2 die Unternehmensparadigmen mit ihren unterschiedlichen Haltungen und typischen Verhaltensweisen beschrieben wurden, nehmen wir nun die Perspektive der Beteiligten ein. Wie erleben die Mitarbeitenden das Leben und Arbeiten in der Welt unten beziehungsweise oben in der Glückspyramide? Wie erleben es die Führungskräfte? Und wie werden sich dieses Erleben und das Verhalten der Beteiligten in Zukunft ändern?

4.3.1 Unten in der Glückspyramide

Starten wir wieder in der Welt unter Wasser, um im Bild des Eisberges zu bleiben. Mitarbeitende fühlen sich nicht nur nicht gesehen, nicht verstanden und nicht wertgeschätzt. Sie empfinden sich als von außen angetrieben, bevormundet, teilweise entmündigt oder gar tyrannisiert. Je nachdem, wo genau ihr Unternehmen in der Pyramide steckt, fühlen sie sich terrorisiert oder einfach nur nicht gut behandelt. Die

[30] Vgl. Laloux 2017, S. 18, 19, 137–139.

Mehrheit erlebt Arbeit als unbefriedigend, lästig, nervig oder als Mühsal.

Im unteren Teil der Pyramide erscheint den Menschen mehrheitlich Arbeit als belastend und nervig.

Die Führungskräfte erleben Arbeit mit ihren Mitarbeitenden ähnlich frustrierend. Sie ärgern sich über sie. Sie ärgern sich darüber, dass sie nicht schnell genug, korrekt oder zuverlässig arbeiten. Sie machen zu viele Fehler, arbeiten nicht genug zusammen und bekommen sich dann auch noch untereinander in die Haare. Das verursacht wieder viele Reibungsverluste, die wer ausbaden muss? Die Führungskraft! Sie haben das Gefühl, dass Sie gegen Windmühlen kämpfen und zwischen den Vorgaben ihrer Vorgesetzten und der schlechten Motivation ihrer Mitarbeitenden zermahlen werden. Sie erleben mehrheitlich Arbeit und Führung als anstrengend, zermürbend und sind frustriert bis desillusioniert.

In Toxischen und Unglücklichen Unternehmen erleben Vorgesetzte ihre Aufgaben, insbesondere ihre Führungsaufgaben, als Herkulesaufgabe.

Noch mehr Druck im Kessel

Dieses in Unternehmen verbreitete negative Erleben der Beteiligten verstärkt sich durch die seit vielen Jahren auf die Menschen einwirkenden Veränderung von außen. Sei es der technologische Wandel, der in den letzten Jahrzehnten immens an Dynamik zugenommen hat und die Menschen in vielerlei Hinsicht fordert oder die allseits bekannten Marktprozesse aufgrund von Wettbewerbssituationen. Der Druck von außen steigt und führt zu mehr Druck im

Unternehmenskessel. Alle Beteiligten fühlen sich noch mehr getrieben und reagieren mit ihren etablierten Bewertungs- und Verhaltensmustern, nur in einer erhöhten (negativen) Dosis.

Wie ist noch mal gleich das Grundmuster menschlicher Stressbewältigung? Angriff, Flucht oder Totstellen.[31] Pauschal gesagt fahren die einen reflexartig ihre Ellbogen aus, die anderen flüchten sich in die Krankheit, Frühverrentung oder (Alters-)Teilzeit und die letzte Gruppe stellt ihr Handeln, soweit sie damit durchkommt, ein.

Alles, was Mitarbeitende in Toxischen und Unglücklichen Unternehmen erleben, bestärkt sie in ihrer Unzufriedenheit mit der Arbeit, der Zusammenarbeit und ihren Führungskräften.

Mit dieser kritischen Haltung erwarten die Menschen nichts anderes mehr. Und damit fallen auch gut gemeinte Maßnahmen zur Verbesserung auf den vergifteten Nährboden ihres Mindsets und verpuffen in ihrer Wirkung.

Zudem haben wir bei der Frage nach der Perspektive der Unternehmen im zweiten Kapitel gesehen, dass die älteren Generationen in Zukunft nicht nur altersbedingt, sondern jetzt auch aus Gründen der ausgeprägten Unzufriedenheit noch früher versuchen auszusteigen, um ihrem gefühlten Hauptbelastungsfeld, der Arbeit, zu entfliehen. Sie gehen! Sie gehen scharenweise, schneller und in größerer Anzahl als jemals. Und die jungen Generationen verweigern zu kommen, um nicht in unglücklichen Bedingungen arbeiten zu müssen.

Egal, wie wir es drehen und wenden: Die Menschen in Unglücklichen und erst recht in Toxischen Unternehmen verweigern sich immer

[31] Mehr zu diesen psychologischen Reaktionsmustern in Bock 2020, S. 52.

mehr und in allen Kategorien. Und deshalb ist die sechste Erkenntnis die folgende:

6. Erkenntnis: Unglückliche sowie Toxische Unternehmen werden in Zukunft überproportional verlieren: Sie verlieren Erfolg, Mitarbeitende und zufriedene Kunden. Letztendlich verlieren sie in allen wichtigen Kategorien, die für ihren Erhalt überlebenswichtig sind.

Der Wirkungsprozess in Toxischen und Unglücklichen Unternehmen bewirkt eine Abwärtsspirale

Auch wenn Ihnen vielleicht schon klar war, dass immer mehr Menschen aus unglücklichen Arbeitsbedingungen fliehen werden, sollten Sie nun auch ein klares Bild darüber haben, vor welcher Art Unternehmen sie fliehen. Wie in diesen Unternehmen gedacht wird, wie sich die Beteiligten verhalten, warum sich dieses negative Verhalten gegenseitig verstärkt, also verschlimmert, und warum diese Unternehmen in eine Abwärtsspirale geraten bei der, wie wir gesehen haben, auch ein Cappuccino-Automat oder andere Annehmlichkeiten für ihre Mitarbeitenden rein gar nichts am Abwärtstrend ändern werden.

4.3.2 Oben in der Glückspyramide erleben alle Rückenwind

Ganz anders sieht es in Unternehmen im oberen Teil der Pyramide aus: Mitarbeitende und Führungskräfte erleben im Unternehmen mehrheitlich Arbeit als glücklichen und sinnvollen Teil ihrer

Lebenszeit. Das führt zu einem mehrheitlich glücklichen, konstruktiven und kooperativen Verhalten, was wiederum, nicht überraschend, zu einem mehrheitlich positiven Gefühl der Beteiligten im Kontext von Arbeit führt. Diese positiven Erfahrungen verstärken wiederum die positive Haltung der Beteiligten zu Arbeit, Zusammenarbeit und ihren Führungskräften. Das bewirkt in der Summe nachhaltig eine Fülle an positiven Effekten, von denen hier exemplarisch nur vier Wesentliche aufgelistet sind:

- engagiertes und zuverlässiges Arbeiten,
- eine starke Bindung der Menschen untereinander und zum Unternehmen,
- eine Entlastung der Führungskräfte und
- eine hohe Attraktivität für Bewerbende.

Das Ergebnis ist eindeutig und liefert uns die siebte Erkenntnis:

7. Erkenntnis: Glückliche Unternehmen werden überproportional gewinnen – in allen wichtigen Kategorien, die für den Erfolg und das Überleben eines Unternehmens wichtig sind.

Nachhaltiger Erfolg: Gibt es ihn?

Vielleicht stolpern Sie über die Aussage, dass der Wirkungsprozess »in der Summe eine Fülle von positiven Effekten nachhaltig bewirkt«. Natürlich müssen sich Unternehmen seit eh und je und auch in Zukunft immer wieder neuen Herausforderungen und Marktverhältnissen anpassen. Vor diesem Hintergrund ist Nachhaltigkeit kaum zu gewährleisten. Aber dass eine Belegschaft mit diesen Herausforderungen konstruktiv und lösungsorientiert umgeht und trotz dieser Herausforderungen Arbeit, Zusammenarbeit und Führung mehrheitlich zufrieden lebt, das kann nachhaltig sein. Zwei wesentliche Gründe sprechen dafür:

Alle werden zu Hütern des Glücklichen Unternehmens: Wie Sie gesehen haben, ist der Wirkungsprozess sowohl im Negativen als auch im Positiven ein sich selbst erhaltender und ein sich selbst verstärkender Prozess. Menschen, die mit einem positiven Mindset ausgestattet sind und Arbeit als glücklichen und sinnvollen Teil ihrer Lebenszeit erleben, haben ein hohes Interesse daran, diese Welt zu erhalten. Ich hatte sie weiter oben nicht ohne Grund als Hüter Glücklicher Unternehmen bezeichnet. Führungskräfte und Mitarbeitende leisten deshalb mehrheitlich tagtäglich mehr oder weniger intensiv Beiträge zum guten Gelingen und zum Erhalt dieser wertvollen und vor allem wertevollen Art der Zusammenarbeit und Führung.

In Glücklichen Unternehmen gewinnen alle: Der zweite, wie ich finde, noch essenziellere Grund, warum Glückliche Unternehmen diese Fülle an positiven Effekten nachhaltig erleben, ist mit vier Worten auszudrücken: weil alle Beteiligten gewinnen![32] Alle Mitarbeitenden gewinnen, weil sie das Gernemachen ausleben dürfen. Alle Führungskräfte erfahren eine Entlastung, von der sie in Unglücklichen Unternehmen nur träumen können. Geschäftsführung und Unternehmensinhaber freuen sich über den wirtschaftlichen Erfolg. Selbst

[32] Vgl. dazu auch Pothmann 2021e. Bitte sehen Sie mir die pauschalisierende Formulierung nach, »alle« würden gewinnen. Natürlich ist mir bewusst, dass es auch in Glücklichen Unternehmen Menschen geben kann, die egoistisch eigene Interessen verfolgen, die gegen die Idee einer glücklichen Zusammenarbeit verstoßen. Glücklicherweise sind sie die Ausnahme. Dummerweise können sie aber etwas kaputtmachen: die Zufriedenheit anderer. Wenn diese Menschen aber daran gehindert werden, sich egoistisch und dreist zulasten anderer optimieren zu können, empfinden diese sich natürlich keinesfalls als Gewinner.

Kunden, auch wenn sie mit dem innerbetrieblichen Umgang nicht viel zu tun haben, gewinnen.

Glückliche Unternehmen sind nachhaltig erfolgreicher, und Mitarbeitende sowie Führungskräfte binden sich gerne an sie. Und das alles geschieht aus einem besonderen Grund:

Weil in Glücklichen Unternehmen alle gewinnen!

4.4 Wohin die Menschen fliehen werden

Vor dem Hintergrund der im zweiten Kapitel genannten zusätzlichen und immensen Herausforderung durch die Verschiebung von Angebot und Nachfrage am Arbeitsmarkt, wurde eines besonders deutlich: Der marktwirtschaftliche Reflex der Arbeitnehmenden trifft nicht einzelne Branchen oder Unternehmen, sondern belastet branchenübergreifend alle Unternehmen sämtlicher Größen. Es verändert den Arbeitsmarkt fundamental. Er wird noch viel mehr zum Arbeitnehmer-Markt, mehr als wir das jetzt schon erleben. Ein Markt, in dem sowohl alle Mitarbeitenden als auch alle angestellten Führungskräfte mehr Macht zum Verhandeln bekommen und mehr Mut zum Wechseln aufbringen werden. Deren Verhalten wird sich dahingehend verändern. Deshalb habe ich dieses zukünftige Verhalten der Menschen am Arbeitsmarkt als Brandbeschleunigung für die Unternehmen bezeichnet.

Wohin werden die Menschen nun gehen?

Wenn früher der Leidensdruck der Menschen größer war als die Veränderungsangst, wechselten sie zu einem anderen Unternehmen. Das war rein statistisch betrachtet auch unterhalb der Wasseroberfläche, um das Bild des Eisbergs wieder aufzugreifen. Für viele war es ein Wechsel vom Regen in die Traufe. Die Menschen waren darauf programmiert, beim Wechsel auf die harten Fakten wie Gehalt, Urlaubstage und Arbeitszeiten zu achten[33], nicht aber darauf, ob sie die Nahrung erhalten, die ihnen heutzutage wichtiger ist denn je: Jobglück. Deshalb gerieten sie beim Wechsel in der Regel wieder in die falschen Hände. Und das geschah Beschäftigten im Zweifel nicht nur einmal, sondern mehrere Male, und genau diese Erlebnisse hörten sie auch von anderen. Diese ernüchternden Erfahrungen sorgten dafür, dass die Menschen veränderungsunwilliger wurden und somit noch seltener wechselten. Sie nahmen ihre Unzufriedenheit irgendwann als Normalzustand hin.

Früher blieben viele Menschen in unbefriedigenden Arbeitssituationen, weil sie nicht erwarteten, dass es in anderen Unternehmen für sie besser wird.

Das wird in Zukunft fundamental anders sein. Menschen werden nicht mehr von einem Unternehmen unter Wasser zu einem anderen Unternehmen unter Wasser wechseln. Sie wollen eine Nahrung, welche es unter Wasser von den Unternehmen nicht gibt, welche die Unternehmen aufgrund ihres Mindsets auch nicht geben können.

Es spricht sich herum, dass es in den Glücklichen Unternehmen oben auf dem Eisberg die gewünschte Nahrung gibt, dass es sich dort erheblich besser (zusammen-)arbeiten lässt. Dass Arbeiten sich dort in jeder Hinsicht besser anfühlt. Dass Arbeitszeit tatsächlich zum glücklich machenden Teil der Lebenszeit wird. Das lässt Sog entstehen. Die Unternehmen oberhalb der Wasserkante des Eisberges ziehen die Menschen aus dem Wasser magnetisch an. Allen unter Wasser wird irgendwann klar, dass sie nicht mehr vom Regen in die Traufe wechseln müssen, sondern ganz im Gegenteil nun zu Unternehmen

[33] Mehr zu den Irrtümern im Zusammenhang mit Gehalt finden Sie in Pothmann 2019, S. 44–49.

wechseln können, die ihnen das bieten, was ihnen noch nie so wichtig war wie heute: ein gutes Gefühl im Kontext von Arbeit. Diese Erkenntnis indiziert einen Abwanderungsprozess, der in der Abbildung 12 dargestellt ist. Nicht zu Unternehmen, die ein bisschen höher in der Glückspyramide aber immer noch unter Wasser stecken, sondern gezielt zu den Unternehmen, die oben in der Glückspyramide stehen.

Es wird eine große, gezielte Wanderung der Mitarbeitenden und angestellten Führungskräfte zu Unternehmen oben in der Glückspyramide geben. !

Abb. 12: Verbindung der Glückspyramide mit dem Bild des Eisbergs: Die Menschen werden zu Unternehmen oben in der Pyramide fliehen.

Bleiben die Mitarbeitenden in ihren Glücklichen Unternehmen?

Diese Frage hatten wir in den letzten Kapiteln schon intensiv behandelt. Natürlich, war die Antwort. Wenn die Menschen das Gernemachen betreiben dürfen und können, dann haben sie keinen Leidensdruck, der sie zum Wechseln nötigt. Ich hatte Ihnen in diesem Zusammenhang von meiner Mitarbeiterin berichtet, die von ihrem privaten Umfeld förmlich genötigt wurde, von meinem Unternehmen zu einem größeren Unternehmen zu wechseln, um eine weitere Stufe auf ihrer Karriereleiter hochzusteigen. Aber sie wehrte sich erfolgreich mit den einfachen Worten: »Warum soll ich denn wechseln, ich bin doch schon glücklich.«

Für diese starke Mitarbeiterbindung darf ich Ihnen noch ein weiteres Argument nennen: Die Unterschiede zwischen den beiden entgegengesetzten Unternehmenswelten unter und über der Wasserkante, werden immer deutlicher. Mitarbeitende in Glücklichen Unternehmen haben es vielleicht früher in Unglücklichen Unternehmen selbst erlebt: Unter Wasser ist es (emotional) kälter als in Unternehmen oberhalb. Mit ihren positiven Erfahrungen betrachten sie nun die Umgangsweisen in Unternehmen unten im Nachhinein als mentale Umweltverschmutzung und lehnen es ab, wieder unter solchen Bedingungen zu arbeiten. Jemand, der einmal in einem Glücklichen Unternehmen gearbeitet hat, wird nicht wieder in einem Unglücklichen, geschweige denn in einem Toxischen Unternehmen arbeiten wollen.

Die Überzeugung der Menschen, in Glücklichen Unternehmen richtig zu sein, wird durch den Vergleich zum Arbeiten in Unglücklichen oder Toxischen Unternehmen gestärkt. !

Allein dieser Vergleich sorgt für noch größere Begeisterung für diese Welt und damit gleichzeitig für einen Anstieg der Veränderungsangst vor einem Wechsel. Denn diese glückliche Welt zu verlieren und vielleicht doch wieder, trotz genauer Prüfung, unter Wasser zu landen, ist für viele ein inakzeptables Szenario.

Beschleunigung des Abwanderungsprozesses

Es werden zwei Effekte eintreten, die den Abwanderungsprozess von den Toxischen und Unglücklichen Unternehmen beschleunigen:

1. **Glückliche Unternehmen werden noch glücklicher und damit noch anziehender:** Durch den gerade angesprochenen Vergleich der Unternehmenswelten und die daraus entstehende Begeisterung für ihr Glückliches Unternehmen entsteht noch mehr Bereitschaft, sich für das Unternehmen in jeder Hinsicht mehr einzusetzen und dessen Erhalt zu gewährleisten. Das hat positive Auswirkungen auf der Leistungsebene und vor allen Dingen verbessert es noch mal das Engagement für diese glückliche Art der Zusammenarbeit. Dies wiederum ist ein sich selbst verstärkender positiver Prozess, der das Gesamtunternehmen zur Spitze der Glückspyramide aufsteigen lässt. Dass pusht wiederum die Begeisterung der Beteiligten für ihr Unternehmen. Diese Begeisterung tragen einige der Beteiligten bereitwillig nach außen. Sie feiern Ihr Unternehmen in ihrem privaten Umfeld oder sogar in der Öffentlichkeit. So eine Entwicklung lässt Unternehmen noch mehr zur attraktiven Arbeitgebermarke werden und dadurch noch mehr Anziehungskraft auf Außenstehende ausüben.

2. **Unglückliche und Toxische Unternehmen stehen im Vergleich noch schlechter da, sodass ihre Mitarbeitenden flüchten:** Es spricht sich noch mehr herum, dass »oben« die Welt glücklicher ist, als es sich die meisten unter Wasser in ihren Träumen bisher vorstellen können. Der Vergleich ihrer Welt unter Wasser mit denen oben führt bei den Beteiligten in Unglücklichen und Toxischen Unternehmen zu noch mehr Frust. Die Berichte darüber, wie es glücklicher gehen kann, verstärken ihre Unzufriedenheit. Gleichzeitig führen sie zu einer Verringerung ihrer Veränderungsangst. Die Menschen sehen nun Alternativen, bei denen es für sie erheblich besser laufen wird. Steigender Leidensdruck und sinkende Veränderungsangst führen zu einer noch größeren Kündigungsbereitschaft. Die Menschen werden ihre Toxischen und Unglücklichen Unternehmen verlassen, scharenweise! Sie werden gehen, zielgerichtet zu Glücklichen Unternehmen. Und dadurch wird sich dieser Abwandlungsprozess noch beschleunigen und damit verstärken.

Diese Aspekte beschreiben eine fundamentale Veränderung, die in der achten Erkenntnis komprimiert zum Ausdruck kommt:

8. Erkenntnis: Es wird eine große und gezielte Wanderung der Mitarbeitenden und angestellten Führungskräfte zu Unternehmen geben, die sich auf das Jobglück ihrer Mitarbeitenden ausrichten. Dieser Abwanderungsprozess wird sich in den nächsten Jahren sogar immens beschleunigen.

4.5 Wozu die Unternehmen gezwungen werden

Die sechste und siebte Erkenntnis zeigte, dass die Unternehmen im unteren Feld der Pyramide an Erfolg, Mitarbeitenden, zufriedenen Kunden, letztendlich in allen wichtigen Kategorien gegen die Glücklichen Unternehmen verlieren werden. Auch haben wir festgestellt, dass eine Entwicklung innerhalb des unteren Teils der Glückspyramide nur etwas nach oben, keine wirkliche Verbesserung der schwierigen Lage bedeutet. Es muss ein Sprung über die Betondecke sein, damit die Unternehmen wieder an die Potenziale ihrer Mitarbeitenden herankommen und als attraktiver Arbeitgeber auch wieder welche finden werden.

Gerade vor dem Hintergrund der achten Erkenntnis, dass die Menschen, ob Mitarbeitende oder Führungskräfte, nicht mehr bereit sind, zu Unglücklichen Unternehmen zu wechseln, sondern über die Betondecke springen werden, kommen die Unternehmen im unteren Bereich der Pyramide auch nicht mehr um diesen Sprung herum.

Vor diesem Hintergrund ist die neunte Erkenntnis:

9. Erkenntnis: Unglückliche und Toxische Unternehmen werden gezwungen sein, sich in der Pyramide nicht nur etwas nach oben zu entwickeln, sondern in den oberen Teil der Glückspyramide zu springen.

In diesem Zusammenhang spreche ich bewusst von einem Sprung und zwar dem Sprung in die höchste Liga der Unternehmen. Dabei handelt es sich nicht um irgendeine Ad-hoc-Entwicklung, sondern um eine fundamentale Veränderung des Mindsets hin zu einer neuen Weltsicht. Dieser Prozess ist alles andere als trivial und daher, obwohl es das Wort „Sprung“ anders suggerieren mag, nicht von heute auf morgen möglich.

Die Zeit, mittels Macht und Druck die Menschen zu motivierter Arbeit zu bringen, ist offensichtlich vorüber. Diese Unternehmen kommen nicht umhin, ein neues, glückliches Mindset zu entwickeln. Eins, dass das gesamte Unternehmen mit dem Thema Jobglück durchflutet. Sie werden gezwungen, eine Transformation zu einem Glücklichen Unternehmen, wie ich sie nenne, zu vollziehen. Wie Sie diese Unternehmen oben in der Glückspyramide auch immer bezeichnen möchten, eins ist klar:

Das Jobglück der Beteiligten im Unternehmen wird zum Gamechanger. !

In der Einführung dieses Buches habe ich angekündigt, auch die folgende Frage zu beantworten: Warum werden die einen Unternehmen scheitern und die anderen überproportional gewinnen und sich vor Erfolg und Bewerbenden nicht retten können? Jetzt müsste klar sein, um welche Unternehmen es sich handelt, die überproportional verlieren und welche gewinnen werden. Und es dürfte auch klar sein, warum die einen so stark verlieren und die anderen ganz im Gegenteil vor Erfolg, engagierten Mitarbeitenden und begeisterten Bewerbenden nur so strahlen.

Da all die Unternehmen im unteren Teil der Pyramide diesen Zwang verspüren, erscheint die folgende Auffassung, vor dem Hintergrund dieses Kapitels trivial:

»In einer zunehmend digitalisierten und technologiegetriebenen Welt können sich Unternehmen langfristig nur durchsetzen, wenn sie die Menschen in den Fokus ihres wirtschaftlichen Handelns stellen.«[34]

Auf Basis der Erkenntnisse dieses Kapitels fehlt in der Aussage ein entscheidender Aspekt: Es fehlt die Erkenntnis, dass die Unternehmen, die es nur halbherzig versuchen, sich mehr um ihre Mitarbeitenden zu kümmern, weiter im unglücklichen Mindset bleiben und die belastenden Symptome behalten.

Mit halbherzigen Versuchen, ihr Unternehmen glücklicher zu machen, bleiben sie im alten, unglücklichen Mindset stecken und behalten ihre Symptome.

Die in Abbildung 13 dargestellte Entwicklung eines Unglücklichen Unternehmens ist also keine wirkliche Lösung.

[34] Vgl. Geisler 2022.

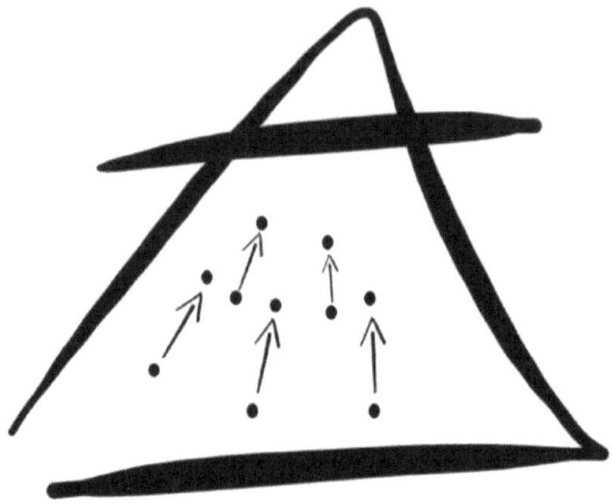

Abb. 13: Entwicklungen von Unternehmen im unteren Teil der GlücksPyramide, die keine wirkliche Lösung für deren Herausforderungen bewirken.

Unternehmen, die jedoch den Sprung wagen und sich auf den Weg zu einem grundlegend neuen, glücklicheren Mindset machen, werden die Fülle positiver Effekte erzielen (siehe Abb. 14).

Abb. 14: Sprung eines Unternehmens in den oberen Teil der Glückspyramide

5. Die Rezeptur: was es für den Sprung in eine erfolgreiche Zukunft braucht

In der Einführung zu diesem Buch habe ich Ihnen die Herausforderungen genannt, die die Unternehmen schon jetzt und erst recht in Zukunft im Zusammenhang mit Ihren Mitarbeitenden stemmen müssen. Diese habe ich mir nicht ausgedacht, sondern sie dominieren seit geraumer Zeit thematisch die Fachpresse und -literatur. Gleichfalls erlebe ich tagtäglich, wie sich die Führungskräfte der Unternehmen, sämtlicher Größen und Branchen mit diesen Problemen herumschlagen. Sei es beispielsweise die Problematik, unbesetzte Stellen zu besetzen. Oder das allgemein schlechte und wenig kooperative Klima sowie die fehlende Motivation und Zuverlässigkeit der Mitarbeitenden, die es den Führungskräften erschweren, mit ihren Teams den geplanten Erfolg zu generieren. Das sind alles typische Symptome für Unternehmen, deren Paradigmen nicht oder viel zu wenig die Zufriedenheit der Mitarbeitenden im Fokus haben.

Was braucht es nun für den Sprung in eine erfolgreiche Zukunft? Wie ist die Rezeptur zukünftig erfolgreicher Unternehmen? Hier erfahren Sie die vier elementaren Zutaten:

1. Führung neu denken,
2. Zusammenarbeit neu denken,
3. Mitarbeit neu denken und
4. ganzheitlich neu denken.

5.1 Führung neu denken

Natürlich braucht es für die Zukunft eine neue Art der Führung, die sich von denen der unglücklichen Paradigmen grundlegend unterscheidet. An Konzepten, wie Menschen in Zukunft Führung betreiben sollen, mangelt es nicht. Dazu gibt es in der aktuellen Fachliteratur ein riesiges Angebot. Zwei Probleme sind allerdings dafür verantwortlich, warum all diese neuen Ansätze häufig eklatant ihr Ziel verfehlen und damit scheitern:

1. **Eine alte, unglückliche Führungs-Haltung verhindert neues, glückliches Führungs-Verhalten:** Eine Führung, die nur das eigene Verhalten ändern möchte, ohne die notwendige Haltung zu entwickeln, wird scheitern. Die Macht der im Unterbewusstsein verankerten Überzeugungen ist riesig. Sie steuert das Führungs-Verhalten. Haltung steuert Verhalten. In einem Satz wurde es so ausgedrückt: Die im Unterbewusstsein verankerte Überzeugung, die Mitarbeitenden hätten zu funktionieren, ist mächtiger als der bloße Vorsatz, Mitarbeitende bei ihrem Jobglück zu unterstützen.

2. **Neues, glücklicheres Führungs-Verhalten fällt auf alten, unglücklichen (Haltungs-)Nährboden der Mitarbeitenden:** Die Führungskraft kommt hoch motiviert von einem Führungs-Training zurück, wendet ihr neu erlerntes Wissen an und stellt fest, dass es auf keinen fruchtbaren Boden fällt. Ihr Verhalten verursacht nicht die Effekte, die sie sich erhofft und ihr im Seminar versprochen wurden. Sie erlebt, wie ihr neues Verhalten mit derselben skeptischen Haltung der Mitarbeitenden beantwortet wird, wie es immer schon der Fall war.

Auch moderne Führungsmethoden können wenig bewirken, wenn sie auf alte, verkrustete Strukturen und vergiftete Prinzipien stoßen.

Das frustriert sie und birgt die Gefahr, dass sie desillusioniert wieder in ihre alten Bewertungs- und Führungsmuster zurückverfällt.

Die beste Führungskräfte-Ausbildung nützt nichts, wenn ein Mitarbeiter seine schlechte Meinung von seiner Führungskraft und der Arbeit behält.

Bitte verstehen Sie mich nicht falsch, ich finde viele neue Arten von Führung, die in der Literatur vorgestellt werden, großartig. Wir müssen uns aber bewusst machen, dass ein Umdenken der Führung nicht ausreicht. Wenn die Führungskraft Führung neu denkt, aber die Mitarbeitenden an ihrer unglücklichen Haltung festhalten, ist die Sache zum Scheitern verurteilt. Es bedeutet deshalb eine fundamentale Sollbruchstelle für Unternehmen, die sich für die Zukunft fit machen wollen, wenn sie sich dazu ausschließlich auf eine neue Art der Führung konzentrieren. Neue Führung kann nur im Kontext einer neuen Haltung aller Beteiligten erfolgreich sein. Wir dürfen also nicht nur Führung neu denken, sondern müssen Führung und Zusammenarbeit gemeinsam neu denken und ein entsprechendes Mindset entwickeln.

Für eine erfolgreiche Zukunft reicht es bei Weitem nicht aus, nur Führung neu zu denken.

5.2 Zusammenarbeit neu denken

Unabhängig davon, aus welcher Perspektive man die Zukunft der Unternehmen betrachtet, wird eine bloße Änderung des Verhaltens, insbesondere des Führungs-Verhaltens, nicht zum Ziel führen. Die Haltung der Beteiligten ist der Schlüssel. Diese muss verändert werden. Es muss ein gemeinsames Verständnis und eine gemeinsame Haltung zur Zusammenarbeit entstehen.

Glückliche Zusammenarbeit fällt nicht vom Himmel. Sie bedarf einer gemeinsamen Haltung zu Arbeit, Zusammenarbeit und Führung. Diese muss zunächst gemeinsam erschaffen und dann gemeinsam gelebt werden.

Wie sie »erschaffen« wird, erfahren Sie im sechsten Kapitel. Hier ist entscheidend, auf welchem Gedanken sie basiert: Dass Menschen in guter Verbindung zueinanderstehen stehen wollen und dazu gegenseitiges Vertrauen und Ehrlichkeit elementar sind. Dass das Prinzip der menschlichen Gleichwertigkeit gelebt wird und die Beteiligten bereit sind, aufeinander achtzugeben. Dass nicht nur Führungskräfte auf ihre Mitarbeitenden oder Mitarbeitende untereinander, sondern dass sogar Mitarbeitende bereit sind, auf das Wohlergehen ihrer Führungskräfte zu achten. Dies wird zum Gradmesser für die Qualität der Zusammenarbeit. Zeigt er doch, dass es die Führungskräfte im Rahmen der Zusammenarbeit geschafft haben, eine vertrauensvolle, gute und auf gegenseitiger Akzeptanz basierende Beziehung zu ihren Mitarbeitenden herzustellen. Dass ihre Mitarbeitenden sich wiederum von ihnen unterstützt fühlen, bei und mit ihnen ein gutes Gefühl haben und sich deshalb bereitwillig für sie auch in schwierigen Zeiten einsetzen und sie unterstützen. Um dies zu erreichen, reicht ein Kulturworkshop allein nicht aus.

Je mehr Mitarbeitende sich um das Wohlergehen ihrer Kolleginnen und Kollegen und insbesondere ihrer Führungskräfte kümmern, desto mehr ist die Beziehung eine glückliche und die Zusammenarbeit eine gute.

5.3 Mitarbeit neu denken

Fragen Sie mal in ihrem Freundes- und Bekanntenkreis, wer denn in der letzten Woche seine Führungskraft gelobt beziehungsweise ihr Wertschätzung ausgesprochen hat. Sie werden überraschte Gesichter ernten. Die Reaktion ist häufig mehr oder weniger so: »Wie, ich soll meine Führungskraft loben? Spinnst du?« Ich stelle diese Frage auch immer in Jobglück-Workshops und ernte zunächst Fassungslosigkeit. Man kann den meisten Mitarbeitenden ansehen, wie ich mit dieser Frage die Grenze ihrer Vorstellung, also ihres Mindsets erreicht habe. Wertschätzung gegenüber einer Führungskraft ist für viele Menschen nicht Teil ihres Denkmodells und kommt ihnen daher nicht in den Sinn, geschweige denn über die Lippen.
Ich frage in solchen Gesprächen gern vorher: Wie wichtig es ihnen ist, Wertschätzung von ihrer Führungskraft zu erhalten. Auf einer Skala von ein bis zehn ergibt es häufig einen Durchschnittswert von etwa neun, also ist es den meisten sehr wichtig. Und nun konfrontiere ich sie mit der Tatsache, dass sie viel Wertschätzung von der Führungskraft haben wollen, aber es ihnen nicht mal in den Sinn kommt, selbst welche zu geben. Dass ist für einige Mitarbeitende schwere Kost. Sie fühlen sich ertappt.

Den nächsten Schock erhalten sie, wenn ihnen darüber hinaus bewusst wird, dass sie ein Verhalten auf Augenhöhe von ihren

Führungskräften fordern. Schnell wird klar, wie sie selbst dagegen verstoßen. Mit dieser Haltung ist man selbst die Sollbruchstelle für gemeinsames echtes Verhalten auf Augenhöhe.

Wenn Mitarbeitende ein Verhalten der Führungskräfte auf Augenhöhe einfordern, sollten Sie auch darauf kommen, dass sie sich selbst auch auf Augenhöhe begeben. !

Der Gedanke mit der Wertschätzung dient hier nur als kleines Beispiel für etwas Größeres: dass Mitarbeitende Mitarbeit nicht nur als Erfüllung ihrer Arbeit verstehen, sondern auch die Verantwortung für all das übernehmen, was sie im Unternehmen beitragen und auch unterlassen beizutragen. Sie tragen Verantwortung für die Qualität und Quantität ihrer Arbeit, Verantwortung für die vertikalen und horizontalen Beziehungsverhältnisse sowie für ihr eigenes Jobglück. Und das beginnt damit, dass sie sich nicht selber kleindenken und darauf warten, dass die Führungskraft etwas mit ihnen macht, sondern selbst auf Augenhöhe verantwortlich aktiv werden.

Anhand dieses Aspektes soll auch Folgendes deutlich werden: Unternehmen und damit ihre Führungskräfte, die zukünftig einen guten Draht zu ihren Mitarbeitenden haben wollen, kommen nicht umhin, ihnen auch dabei zu helfen, ihre Haltung zu Arbeit, Zusammenarbeit und Führung zu überdenken und neu zu kalibrieren. Wie so etwas möglich ist, dass erfahren Sie auch im sechsten Kapitel.

5.4 Ganzheitlich neu denken

Spätestens wenn Führungskräfte mit ihren Mitarbeitenden über Arbeit, Zusammenarbeit und Führung ein gemeinsames Verständnis entwickeln, stehen auch Arbeitsprozesse und Unternehmensstrukturen auf dem Prüfstand. Den meisten wird nämlich schnell klar, dass es keinen Sinn macht, an sinnlosen, also schlecht organisierten Arbeitsprozessen festzuhalten, die die Nerven der Beteiligten unnötig strapazieren. Auch Strukturen zu belassen, die seit vielen Jahren für unnötigen Ärger sorgen, aber nichts bringen, werden jetzt eher angegangen, neu gedacht und zeitgemäß angepasst.

Es ist eine unglückliche Lösung, nur Führung und Zusammenarbeit glücklicher zu gestalten, aber die Prozesse und Strukturen unbefriedigend zu belassen. Eine nachhaltig glückliche Lösung muss ganzheitlich sein. !

Vier elementare Zutaten

Die Rezeptur zukünftig erfolgreicher Unternehmen beinhaltet die vier hier genannten Zutaten. Sie sind allesamt elementar. Denn, wie Sie in den vorherigen Abschnitten sehen konnten, reicht es bei Weitem nicht aus, dass die Geschäftsführung mit ihren Führungskräften nur ein neues Führen erfinden und sich ein bisschen mehr um ihre Mitarbeitenden bemühen. Auch reicht es nicht aus, die Prozesse und Strukturen den Glücklichen Unternehmen anzupassen, aber die Haltung der Beteiligten zu Zusammenarbeit und Führung nicht entsprechend zu entwickeln. Und es wird erst recht nicht funktionieren, die Haltung der Mitarbeitenden zu verändern, wenn die Führungskräfte an ihrer unglücklichen Haltung festhalten wollen.

Im vorherigen Kapitel wurde deutlich, dass es für eine erfolgreiche Zukunft eines Unternehmens einen Sprung auf ein neues Level von Unternehmen bedarf: einen Sprung in den oberen Teil der Glückspyramide. Und dieser Sprung muss, wie wir auch gesehen haben und anhand der vier Zutaten noch einmal deutlich wird, gemeinschaftlich und ganzheitlich sein.

Was es für den Sprung in die erfolgreiche Zukunft braucht, fasse ich in der 10. Erkenntnis zusammen:

10. Erkenntnis: Um die Herausforderungen der Unternehmen in der Zukunft zu lösen, müssen alle im Unternehmen Beteiligten gemeinschaftlich und ganzheitlich Arbeit, Zusammenarbeit und Führung fundamental neu und zwar glücklicher denken und betreiben!

6. Der Sprung in die Zukunft: die Transformation eines Unternehmens

Auf Grundlage der letzten Kapitel und vor dem Hintergrund der zehn Erkenntnisse ist die Zeit nun reif für die Beantwortung der Frage, wie denn so ein Sprung in eine erfolgreiche Zukunft vonstattengeht. Ist er überhaupt für alle Unternehmen möglich? Können auch Teile von Unternehmen transformiert werden? Ist es möglich, sich in einem Unglücklichen Unternehmen als Führungskraft mit dem Team dennoch zu einem Glücklichen Team zu transformieren? Muss man sofort mit einem umfassenderen, ganzheitlichen Gesamtprojekt starten, oder ist es in Phasen und Teilschritte zerlegbar? Und überhaupt, wie ist es möglich, die Haltung von Menschen zu verändern, insbesondere von vielen Menschen in einem Unternehmen, mit teilweise divergierenden Interessenlagen? Und was hat das alles mit Neuroplastizität zu tun? Kurz gefragt: Wie kann man das bestehende Mindset eines Unternehmens in ein glückliches Mindset verändern und dadurch das Unternehmen zu einem Glücklichen Unternehmen transformieren? Das alles erfahren Sie in diesem Kapitel.

6.1 Der Mechanismus der Transformation

Im vierten Kapitel wurde deutlich, dass in Toxischen und Unglücklichen Unternehmen die Haltungen der Geschäftsführungen, der Führungskräfte und aller Mitarbeitenden jeweils zu Arbeit, Zusammenarbeit und Führung sowie die Haltungen der Beteiligten untereinander überwiegend kritisch sind. Das Mehrheitsgefühl ist in diesen Unternehmen die Unzufriedenheit. Um nun ein solch unglückliches Mindset zu verändern, müssen wir zunächst begreifen, wie es entsteht. Dazu betrachten wir zunächst den Prozess auf individueller Ebene, am Beispiel eines Mitarbeitenden, der von der Unzufriedenheit im Job überzeugt ist.

Der neuronale Prozess zur Unzufriedenheit

Entstanden ist diese innere Überzeugung durch eine Vielzahl an eigenen Erfahrungen, aber auch durch Berichte anderer im Kontext von Arbeit, durch das Elternhaus oder vieler anderer Einflussfaktoren. Im Ergebnis ist in seinem Gehirn das Thema Arbeit mit negativen Gefühlen verbunden und im Unterbewusstsein verankert. Mit dieser im Unterbewusstsein manifestierten Meinung steuert das Gehirn nun die Erwartungen und die Aufmerksamkeit. Es legt fest, wie das Erlebte vor dem Hintergrund der kritischen Haltung bewertet wird, welches Gefühl entsteht und wie darauf reagiert wird.[35] In einem Bild ausgedrückt, ist zwischen dem Thema Arbeit und dem negativen Gefühl eine neuronale Autobahnverbindung entstanden. Kurz gesagt, ist Arbeit neuronal mit einem schlechten Gefühl verbunden. Immer wenn nun das Thema Arbeit auf den Tisch kommt, stellt sich Unzufriedenheit ein. Die Motivation, sich einzusetzen, schwindet. Dies führt zu einem unmotivierten Verhalten, was wiederum von außen eine entsprechend unglückliche, kritische Reaktion hervorruft. Das wird den Mitarbeitenden in seinem negativen Gefühl bestätigen (»Hab ich's doch gewusst«) und in seiner Haltung bestärken.

In Abbildung 15 sehen Sie so einen neuronalen Prozess dargestellt.

[35] Vgl. Hüther 2006, S. 12.

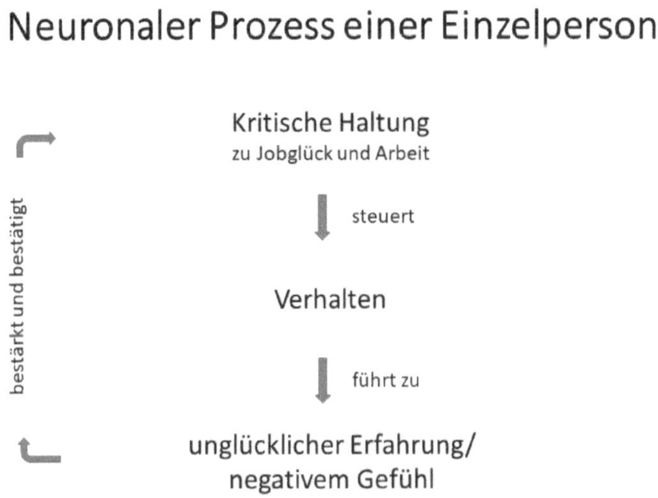

Abb. 15: Neuronaler Prozess, beginnend mit einer kritischen Haltung einer Person zur Arbeit.

Die Haltung steuert das Verhalten. Das kennen Sie. Dieses Verhalten führt zu Erfahrungen beziehungsweise entsprechenden Gefühlen, die einen Menschen darin bestätigen und bestärken, dass seine Haltung zu der Thematik korrekt ist. Mit dieser bestätigenden Erfahrung wird die Haltung noch mehr im Unterbewusstsein zementiert. Auf dieser Basis geht es mit dem »programmierten« Verhalten wieder von vorne los.

Auch wenn ich diesen hoch komplexen Prozess vereinfacht beschrieben habe und er sich vielleicht für Sie etwas pauschal anhören mag, findet der im Unterbewusstsein verankerte Prozess tatsächlich so statt. Es ist ein automatisierter Mechanismus, den wir Menschen in keiner Weise mitbekommen und steuern können.

Betrachten wir beispielsweise jemanden mit einer kritischen Haltung zur Arbeit, der regelmäßig montagmorgens die klassischen Sprüche zum Besten gibt wie »Die ersten fünf Tage nach dem Wochenende sind die schlimmsten« oder »Ich fühle mich krank, ich glaube, ich habe Montag« oder »Schreibt man Montag mit einem oder zwei Mittelfingern?«. Die Haltung steuert die Auswahl der Sprüche, und diese lenken die Aufmerksamkeit in eine entsprechende Richtung. Im Ergebnis kommt, nicht überraschend, Unzufriedenheit heraus.

Dann ist es auch nicht verwunderlich, dass der morgendliche Knopfdruck an der Kaffeemaschine weiteren Ärger verursacht, wenn er mit der nervigen Aufforderung konfrontiert wird, zunächst den Kaffeesatzbehälter leeren zu müssen. Und zwar einen Ärger, der weiter auf das eh schon negative Gedankenkonto einzahlt und verrückterweise einen weiteren Beweis dafür liefert, dass Montage und Arbeit generell schrecklich sind.

Selbst wenn sich der Mitarbeitende nun vornimmt, im Job zufriedener werden zu wollen, wird in seinem Unterbewusstsein dieser neuronale Prozess automatisiert ablaufen. Die Macht des Unterbewusstseins ist um ein Vielfaches größer als der bloße Wunsch zur Veränderung. Dessen sollten wir uns bewusst sein. Mit einer kritischen, unglücklichen Haltung zur Arbeit sieht der Sachverhalt dann so aus:

Unser Gehirn hat bezüglich der Unzufriedenheit bei der Arbeit lieber recht, als dass es uns im Job zufrieden werden lässt. !

Genauso verhält es sich mit der Haltung der Führungskräfte, ihre Mitarbeitenden hätten zu funktionieren. Ihnen vorzugeben, dass es ihnen in Zukunft ein Anliegen sein sollte, sich für das Jobglück ihrer

Mitarbeitenden einzusetzen, wird, selbst wenn sie das rational für sinnvoll erachten, genauso wenig zum Erfolg führen.

Die Haltung zur Führungs-Haltung zu ändern geht nur, wenn die im Unterbewusstsein versteckte Überzeugung in eine auf das Jobglück der Mitarbeitenden fokussierte Haltung verändert wird. Sie steuert dann das Verhalten in eine glücklichere Richtung. Der Mechanismus bleibt gleich, aber er findet in der glücklicheren Variante statt.

Neuroplastizität

Unser Gehirn ist so gemacht, dass es mit großer Energie an seinem Bild von der Welt, von Partnerschaft, von Erziehung, von Arbeit oder von Führungskräften festhält. Es sorgt sogar für seine Bestätigung, in dem es die Wahrnehmung entsprechend seiner Überzeugung steuert, vor dem Hintergrund seiner Überzeugungen auch bewertet und interpretiert, sodass genau das Gefühl entsteht, dass immer da war: Unzufriedenheit im Kontext von Arbeit. Unser Gehirn ist hochgradig veränderungsunwillig.

Glücklicherweise ist es aber veränderungsfähig. Es ist neuroplastisch.[36] Das heißt, es ist in der Lage die tief im Unterbewusstsein verankerten Überzeugungen zu verändern. Nicht bereitwillig, aber es ist dazu in der Lage. Wie? Durch denselben Prozess, wie es zu dieser Überzeugung gekommen ist: durch neue Erfahrungen.

Unser Gehirn ist zwar veränderungsunwillig, aber glücklicherweise neuroplastisch und damit veränderungsfähig.

[36] Vgl. Hüther 2017, S. 12.

So entsteht eine neue, glücklichere Haltung

Bleiben wir beim Beispiel des unglücklichen Mitarbeitenden: Um eine glücklichere Haltung zum Thema Arbeit zu erhalten, braucht dieser Mensch positive, glücklichere Erfahrungen, die zu besseren Gefühlen führen. Natürlich wird anfänglich das Gehirn diese Erfahrungen als Ausnahme abstempeln und in den Gehirnmülleimer verschieben. Über die Zeit aber entsteht zwischen dem Thema Arbeit und einem positiven Gefühl eine schwache neuronale Verbindung, ein kleiner neuronaler Trampelpfad, um im Bild der Autobahn zu bleiben. Viele positive Erfahrungen in diesem Themenbereich führen immer wieder zu guten Gefühlen, sodass aus dem Trampelpfad eine neuronale Straßenverbindung wird. Gleichzeitig schrumpft die Autobahn zu den negativen Gefühlen zu einer Bundesstraße. Weitere positive Erfahrungen und gute Gefühle sorgen für den Abriss der Bundesstraße. Im Laufe der Zeit erodiert sie bis zum Trampelpfad. Während dieser Zeit entwickelt sich zwischen dem Themenkomplex Arbeit und einem guten Gefühl aus der neuronalen Straßenverbindung eine neuronale Autobahnverbindung.

Eine glücklichere Haltung zur Arbeit entsteht durch viele glücklichere Erfahrungen im Kontext von Arbeit.

Jetzt ist eine starke Verbindung zwischen dem Thema Arbeit und einem guten Gefühl entstanden. Erst jetzt hat der Mitarbeitende eine neue, glücklichere Haltung entwickelt. Er wird Personen und Situationen im Kontext von Arbeit nun eher offener und positiver wahrnehmen, wohlwollender interpretieren und bewerten und am Ende der Autobahn ein besseres Gefühl haben. Das bestärkt ihn darin, sich weiter so zu verhalten, sodass er wieder diese positiven Erfahrungen macht. Nun führt der Automatismus zum besseren Gefühl und glücklicheren Verhalten.

Interessant ist, und so erlebe ich es immer wieder, dass die Menschen diesen eigenen Transformationsprozess, den sie durchlaufen, selbst nicht mitbekommen. Häufig wird es ihnen erst bewusst, wenn ihr neues Verhalten von Ihrem Umfeld gespiegelt wird. Wenn Kolleginnen und Kollegen, Vorgesetzte oder auch im privaten Umfeld Partner, Partnerinnen oder Freunde darüber berichten, wie sie sich im positiven Sinne verändert haben und sich darüber freuen, dass Arbeit für sie nun eine weniger belastende Sache zu sein scheint. Einige berichten mir, dass ihnen erst durch diese Kommentare von außen ihr glücklicheres Verhalten deutlich und ihre veränderte Haltung bewusst wurde. Diese Erkenntnis beflügelt die Menschen, den Weg weiterzugehen.

Ein ganzes Unternehmen macht sich auf den Weg zum glücklichen Mindset

Für die Summe aller Mitarbeitenden und Führungskräfte sieht so ein neuronaler Prozess wie in Abbildung 16 dargestellt aus: Da treffen die unterschiedlichsten Haltungen der Beteiligten aufeinander und führen zu dem oben beschriebenen unglücklichen Mindset. Im Kollektiv erleben sie denselben Automatismus. Dieses Mal geht es nicht nur um die einzelne konkrete Haltung eines Beteiligten zu einem einzelnen Thema. Nun wird es komplexer. In einem Unternehmen treffen die kritischen Haltungen vieler Beteiligter zu Arbeit, Zusammenarbeit und Führung aufeinander. Darüber hinaus haben sie auch noch eine eher kritische Haltung den anderen gegenüber (gegenüber den Mitarbeitenden, Führungskräften oder der Geschäftsführung). Das gesamte Unternehmen durchläuft mit »seinem« kritischen Mindset diesen neuronalen Prozess. Dadurch bekommt jeder Einzelne seine Überzeugung bestätigt. Und so wird im Kollektiv das kritische Unternehmens-Mindset wieder bestätigt und das Mehrheitsgefühl immer weiter produziert.

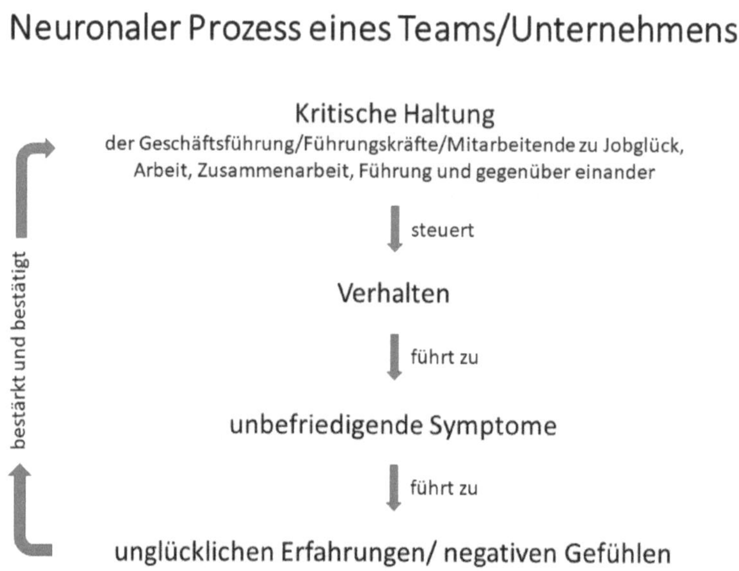

Abb. 16: Neuronaler Prozess: Kritische Haltungen führen zu unglücklichen Erfahrungen und negativen Gefühlen der Beteiligten, die sie in ihrer Haltung bestärken.

Neuroplastischer Transformationsprozess

Und nun stellen Sie sich bitte vor, alle Beteiligten in einem Unternehmen machen neue, glücklichere Erfahrungen. Die Mitarbeitenden machen im Kontext von Arbeit gute Erfahrungen. Auch mit ihren Führungskräften machen sie glücklichere Erfahrungen. Sie erleben ein glückliches Miteinander mit ihren Kolleginnen und Kollegen. Die Führungskräfte machen wiederum tolle Erfahrungen mit ihren Mitarbeitenden und die Geschäftsführung erfährt eine Unterstützung, die sie noch nie erfahren hat. Alle machen in vielerlei Hinsicht glücklichere Erfahrungen und haben in jeder Hinsicht ein besseres Gefühl im

Kontext von Arbeit und Zusammenarbeit. Und das über einen längeren Zeitraum. Dann geschieht genau das, was für einen Mindset-Switch notwendig ist: Eine Vielzahl an guten Erfahrungen und besseren Gefühlen. Nichts anderes ist unter dem neuroplastischen Transformationsprozess zu verstehen, den ein Unternehmen durchläuft, um zu einem Glücklichen Unternehmen zu werden.

Durch den neuroplastischen Transformationsprozess ändert sich die Mehrheitsmeinung und das Mehrheitsgefühl zum Positiven, und es entsteht ein glückliches Mindset. !

Bevor nun die Frage beantwortet wird, wie es zu den neuen, glücklicheren Erfahrungen aller Beteiligten kommt, die dann Grundlage für ein glückliches Mindset sind, wird die Frage erörtert, ob dies mit allen Unternehmen geht? Können sich alle Unternehmen zu einem Glücklichen Unternehmen transformieren?

6.2 Können alle Unternehmen den Sprung schaffen?

Die Antwort ist kurz: Ja, natürlich, denn jedes Gehirn hat die Fähigkeit der Neuroplastizität, auch die Gehirne aller Personen in einem Unternehmen. Gleichwohl ist es alles andere als trivial, das Mindset eines gesamten Unternehmens und damit die Gesamtgefühlslage der Beteiligten im Kontext von Arbeit und Zusammenarbeit zu verändern. Vier Faktoren konnten identifiziert werden, die besonderen Einfluss auf den Prozess und seine Dauer haben:

6.2.1 Die Größe des Unternehmens

Natürlich ist es erwartbar, und so zeigt es sich auch in der Praxis, dass sich kleinere und mittelgroße Unternehmen mit so einem ganzheitlichen Prozess leichter tun. Während in diesen KMUs zunächst (nur) die Geschäftsführung, wie weiter unten deutlich wird, von dem Sprung in den oberen Teil der Pyramide überzeugt sein muss, ist der Weg in größeren Unternehmen und Konzernen ein längerer. Vorstand, HR-/Strategie-Abteilungen und weitere Gremien müssen für die Idee der Entwicklung zu einem Glücklichen Unternehmen inspiriert und gewonnen werden. Häufig werden zunächst Pilotprojekte mit Führungskräften und ihren Teams gestartet, die an der Thematik besonders interessiert sind. Diese Unternehmensteile durchlaufen dann den Transformationsprozess in einer Lightversion, indem sie zum Beispiel zu Glücklichen Teams transformiert werden.[37] Dies ermöglicht, erste Erfahrungen zu sammeln, die Erfolgswirkung zu prüfen und eine Einschätzung über die Planung eines Gesamtkonzeptes zu erhalten.

Glückliche Teams sind genauso wie Glückliche Unternehmen erfolgreicher, weil weniger Reibungsverluste ihren Erfolg schmälern und zudem gemeinsames großes Engagement ihn erhöht. !

Ein Prozess, der über Pilotprojekte zu einem ganzheitlichen Unternehmensprozess führt, oder über mehrere, zunächst partielle Prozesse, die später zu einem zusammengeführt werden, dauert natürlich deutlich länger, als wenn eine Unternehmensleitung sich aus Überzeugung für diesen Weg entscheidet. Sie geht dann als Vorbild voran und zieht mit ihrer Begeisterung alle im Transformationsprozess mit.

[37] Wenn Sie sich an dieser Stelle skeptisch die Frage stellen, ob es möglich ist, in einem Unglücklichen Unternehmen ein glückliches Team zu entwickeln, darf ich Sie beruhigen. Es geht! Mehr dazu finden Sie in: Pothmann (2021b, S. 182, 2023a und 2023b).

6.2.2 Der psychologische Reifegrad eines Unternehmens

Es gibt verschiedenste Reifegradmodelle. Die meines Erachtens bekanntesten Modelle bilden den Reifegrad der Digitalisierung eines Unternehmens ab. Einfach gesagt erkennt man den geringsten Reifegrad daran, dass Briefe immer noch gefaxt werden. Höher steigend werden Schriftverkehr und Arbeitsprozesse digitaler. Die Applikationen in einem Gesamtkonzept zu integrieren würde eine weitere Erhöhung des Reifegrades bedeuten.

Bezüglich der Entwicklung zu einem Glücklichen Unternehmen (und von dort weiter in die Spitze der Glückspyramide) sind Unternehmen auch in unterschiedliche Reifegrade einzuordnen. Ich nenne ihn den psychologischen Reifegrad eines Unternehmens.[38] In Toxischen Unternehmen, im Bodensatz der Glückspyramide, ist er gering, in Unglücklichen Unternehmen immerhin schon etwas höher. Selbst im oberen Teil der Pyramide ist er noch steigerbar bis in die Spitze der Pyramide.

Für Unternehmen mit einem geringen psychologischen Reifegrad ist der Weg zum Glücklichen Unternehmen ein längerer.

6.2.3 Die Bedeutung des Geschäftsmodells

Auch wenn der Schwerpunkt dieses Buches auf der Betrachtung der Art der Zusammenarbeit und Führung von Unternehmen in der Zukunft ist, und der psychologische Reifegrad die Startposition eines Unternehmens in der Glückspyramide definiert, so muss in diesem

---

[38] Mehr zum psychologischen Reifegrad eines Unternehmens im Kontext Glücklicher Unternehmen online unter www.DrPothmann.de/Reifegrad/.

Zusammenhang auch beachtet werden, wie aktuell und zukunftsfähig das Businesskonzept eines Unternehmens ist. Brechen deren Absatzmärkte weg? Sind deren Vertriebsstrategien und Produkte noch erfolgreich und Prozesse effizient? Diese Fragen heißt es erst zu beantworten und im Zweifel grundsätzlich zu bearbeiten, bevor ein Unternehmen den Transformationsprozess startet. Warum? Weil gerade solche Veränderungsprozesse immer mit großen Sorgen und Ängsten vieler Beschäftigten verbunden sind. Dies sind schlechte Gefühle, die einen neuroplastischen Prozess mit dem Ziel, gute Gefühle mit dem Thema Arbeit zu verbinden, sicherlich erheblich stören, wenn nicht sogar verhindern würden.

Ein Unternehmen ist gut darin beraten, erst seine Hausaufgaben bezüglich seines Geschäftsmodells zu machen und danach den Prozess zum Glücklichen Unternehmen zu starten. !

6.2.4 Die Relevanz der Geschäftsführung

Die Geschäftsführung hat im Prozess eine besondere Relevanz, die hier anhand von fünf Aspekten verdeutlicht wird:

Macht der Entscheidung über den Prozess

Eine Führungskraft kann gemeinsam mit ihrem Team darüber entscheiden, sich selbst zu einem Glücklichen Team zu transformieren, selbst wenn von seiner Geschäftsführung und anderen Führungskräften keine Gedanken an diese Thematik verschwendet werden. Um aber ein ganzes Unternehmen zu transformieren, kommt es um die mächtigste Personengruppe im Unternehmen nicht herum: die Geschäftsführung beziehungsweise den Vorstand. Ob eine oder mehrere Personen, sie haben die Macht, darüber zu entscheiden, wie die Rahmenbedingungen im Unternehmen sein sollen. Sie stellen

Führungskräfte ein und entwickeln sie in die Richtung, von der sie glauben, dass diese für das Unternehmen richtig ist. Sie sind in der Verantwortung, über die Ausrichtung des Unternehmens für die Zukunft zu entscheiden. Sie haben die Macht und auch die Pflicht, sie für die Gestaltung der Zukunft zu nutzen.

Misstrauen in den Erfolg des Prozesses

Und nun sollen Sie über die Entwicklung Ihres Unternehmens in eine Richtung entscheiden, in der Sie über keinerlei Erfahrungen verfügen und die auch nicht gerade Ihrer Überzeugung entspricht. Sie wissen nicht, ob es wirklich die richtige Richtung ist, ob es der richtige Lösungsweg ist, von dem Sie zunächst nicht einmal die einzelnen Schritte kennen. Sie wissen auch nicht, welche Probleme Sie erwarten werden und was dieser Prozess für Sie selbst und Ihre Führungskräfte und Mitarbeitenden im Detail bedeuten wird. Skeptische Gedanken kommen Ihnen in den Sinn wie »Springen mir in meinem Glücklichen Unternehmen dann alle Mitarbeitenden auf der Nase herum, oder mache ich mich dadurch sogar zum Untertanen meiner eigenen Leute?«

Auch kennen Sie vielleicht nicht einmal Geschäftsführungskolleginnen und Kollegen, die Ihnen von Erfahrungen mit solchen Prozessen berichten können. Gleichfalls kennen Sie aber viele, die über dieselben Probleme klagen, über die Sie selbst klagen und auch keine Lösungen haben. Zudem kostet so ein Prozess Geld, Ressourcen und Kraft.

All das führt zu Skepsis und Misstrauen gegenüber einem solchen Transformationsprozess. Diese kann ich sehr gut nachvollziehen und hege größtes Verständnis für diese Skepsis, erlebe ich sie schon seit über 25 Jahren. Viele Menschen sind fasziniert von so einer Welt, sehen sie rational als grandiose Lösung an, aber gleichzeitig stempeln sie sie als unrealistisch ab und bezeichnen sie als Utopie. Da spricht sie wieder: die Haltung, die viel Macht über unsere Ratio und unser Verhalten hat.

Motiv für den Prozess

Was braucht es also, dass eine Geschäftsführung dennoch diesen Weg bereit ist zu gehen? Was muss geschehen, damit sie bereit ist, so einen Veränderungsprozesses zu starten? Die Antwort ist deckungsgleich mit dem Grund, warum Menschen ihr Unternehmen verlassen. Sie verlassen es wie gesagt, wenn der Leidensdruck größer ist als deren Veränderungsangst. Leiden generiert Veränderungsbereitschaft. Viel idealer wäre es natürlich, wenn Geschäftsführungen sich aus eigenem Antrieb und innerer Überzeugung auf so einen Weg machen würden.

Machen wir uns aber nichts vor: Der Weg ist noch zu unbekannt, sodass der Gedanke an die Umsetzung stark verunsichert. Deshalb ist viel innere Überzeugung nötig, um die nötigen Schritte zum Glücklichen Unternehmen zu gehen. Das sicherlich unglücklichste Motiv, sich zu einem Glücklichen Unternehmen transformieren zu wollen, ist das bloße Gewinnstreben. Bitte verstehen Sie mich nicht falsch: das Gewinnstreben ist erst mal richtig und wichtig. Aber wenn es in der Art gemeint ist, dass die Geschäftsführung den Prozess an Mitarbeitende oder Externe delegieren möchte, um nichts damit zu tun haben zu müssen und erst recht um sich nicht selbst verändern zu müssen, zeigt sich eine Haltung, von der wir wissen, dass sie für den Prozess kontraproduktiv ist.

Die Geschäftsführung muss sich entscheiden, ob sie die Sollbruchstelle oder der Motor für den Sprung in die Zukunft sein möchte. !

Mut zum Prozess

Motiv hin oder her, es braucht Mut. Einen Sprung in eine neue Welt zu wagen, von dem man nicht genau weiß, wie er sein wird und ob man dort ankommt oder scheitert, geht nicht ohne Mut. Hoffnung nährt sie. Insofern ist der erste Schritt immer, Geschäftsführungen für so einen neuen Weg zu inspirieren und zu begeistern.

Motor des Prozesses

Die Geschäftsführung muss der Motor für den gesamten Prozess sein. Sie müssen begeistert alle anderen mitbegeistern und gewinnen. Sie sind diejenigen, die als Vorbild voranlaufen werden. Sie machen vor, leben vor und ermutigen mitzumachen. Sie investieren und motivieren ihre Führungskräfte, es mit Ihnen gleich zu tun. Mehr dazu werden sie im nächsten Kapitel erfahren.

Die Geschäftsführung ist die Gallionsfigur und der Motor des Transformationsprozesses.

6.3 Der Transformationsprozess

In einem ganzheitlichen Prozess, der, wie wir gesehen haben, auf der Haltungs- wie auch auf der Verhaltensebene aller Beteiligten stattfindet und zudem Veränderungen auf der Ebene der Unternehmensstrukturen und -prozesse bewirkt, kann nicht alles auf einmal entstehen. Für die Transformation zu einem nachhaltig Glücklichen Unternehmen hat sich die Aufteilung des Prozesses in drei Phasen als sinnvoll erwiesen: In der ersten Phase ist es das Ziel, alle Beteiligten für die neue, glücklichere Art der Zusammenarbeit und Führung in Glücklichen Unternehmen zu begeistern (siehe Abbildung 17). In Phase 2 wird auf verschiedensten Ebenen das umgesetzt, was sich die Beteiligten am Ende von Phase 1 gemeinsam vorgenommen haben: zu einem Glücklichen Unternehmen zu werden. Durch die Beteiligten entsteht in dieser Phase ein neues, glücklicheres Verhalten, das zu einer Vielzahl an positiven Erfahrungen führt und welches eine Haltungsänderung bei der Mehrheit der Mitarbeitenden und

Führungskräften bewirkt. In der dritten Phase heißt es dann, dieses neu entstandene Selbstverständnis zu leben und seine Nachhaltigkeit zu gewährleisten.

Abb. 17: Phasen des Transformationsprozesses zu einem nachhaltig Glücklichen Unternehmen. Die Nummern stehen symbolisch für einzelne Schritte.

Die Intensität und Dauer des Prozesses sind höchst unterschiedlich

Wie oben deutlich wurde, ist die Intensität und Dauer dieses Prozesses sehr stark von der Größe des Unternehmens, seines Reifegrades und der Stärke der Überzeugung der Geschäftsführung abhängig. Kleinere Unternehmen mit einer Geschäftsführung, die zu diesem Thema schon viel Vorarbeit geleistet hat, benötigen vielleicht nur wenige Elemente dieses Transformationsprozesses. Andere wiederum benötigen ein umfassendes Programm, über mehrere Monate. Große Unternehmen insbesondere Konzerne benötigen deutlich länger.

In den nächsten Abschnitten werden die wesentlichen Elemente jeder Phase für einen Transformationsprozess vorgestellt, der auf KMUs ausgerichtet ist. Der Transformationsprozess in Konzernen benötigt darüber hinaus spezifische Konzernvorgehensweisen, die den Rahmen dieser Vorstellung sprengen würden.

Um Ihnen neben den Informationen über die Inhalte zudem die Möglichkeit zu geben, sich in diesen Prozess hineinversetzen zu können, wechsele ich an einigen Stellen in den Modus des Erlebnisberichtes.

6.3.1 Phase 1: Begeistern für eine glückliche Art der Zusammenarbeit und Führung

Es gibt die unterschiedlichsten Wege, mit einem Transformationsprozess zum Glücklichen Unternehmen in Berührung zu kommen. Ob die Geschäftsführung einen Vortrag über die Zukunft von Unternehmen gehört hat, der Impuls von der HR-Abteilung oder anderen Führungskräften kam, im Unternehmen schon einmal Jobglücks-Workshops stattgefunden haben oder die Führungsmannschaft einen internen Impulsvortrag zur Inspiration zu diesem Thema bekommen hat, der wirkliche Einstieg in den Transformationsprozess findet mit der Geschäftsführung statt.

Der Einstieg: Geschäftsführungs-Kickoff

Die Geschäftsführung entscheidet über die Ausrichtung des Unternehmens. Sie benötigt eine klare Vorstellung darüber, ob so ein Prozess wirklich die Symptome lösen wird, unter denen das Unternehmen, seine Führungskräfte und alle Mitarbeitenden leiden und in Zukunft noch mehr leiden werden. Auch benötigt sie konkrete Informationen darüber, wie der Prozess für ihr Unternehmen aussehen könnte, wie lange er dauern wird und mit welchen Kosten er verbunden ist. Dieser Tag inspiriert und ermöglicht der Geschäftsführung, ein präziseres Bild vom Glücklichen Unternehmen zu erhalten, sodass bei ihr Begeisterung entstehen kann, die sie für diesen Prozess auch benötigt.

Führungskräfte-Kickoff

Wie weiter oben deutlich wurde, ist es in Unglücklichen Unternehmen der Mehrheit der Führungskräfte noch kein größeres Anliegen, sich für das Jobglück ihrer Mitarbeitenden einzusetzen. Ihnen fehlt die Überzeugung dazu und auch das Verständnis. Einige hegen vielleicht sogar eine ausgesprochene Skepsis gegenüber so einer Art. Auch sie müssen für diese Form der Zusammenarbeit und Führung inspiriert, begeistert und gewonnen werden. Auch sie benötigen ein klares Bild von einem Glücklichen Unternehmen und die Erkenntnis, dass es die Lösung für ihre täglichen Herausforderungen ist. Diese Überzeugung zu gewinnen ist wichtig, da die Führungskräfte in dem Prozess neben der Geschäftsführung die Hauptmultiplikatoren dieser Idee sein werden. Mit dem Zuspruch der Führungskräfte entscheidet die Geschäftsführung sich für den Sprung in die Zukunft.

Die Strategie für das Unternehmen

Für das Unternehmen wird nun eine ganzheitliche Strategie entwickelt, die am Ende des Prozesses ein glückliches Mindset der Beteiligten hervorbringt und die Prozesse und Strukturen denen Glücklicher Unternehmen entsprechen. Durch die Maßnahmen entstehen die Zutaten zukünftig erfolgreicher Unternehmen. Dabei zahlt jede einzelne dieser Maßnahmen auf mindestens einen der Jobglück-Begleitfaktoren ein, die für die Einordnung des Unternehmens in der Glückspyramide der Unternehmen entscheidend sind:

a. Es werden die Rahmenbedingungen denen Glücklicher Unternehmen angepasst (Zutat: ganzheitlich neu denken).
b. Führungskräfte werden für die spezifischen Aspekte einer auf das Jobglück der Beteiligten ausgerichteten Art der Zusammenarbeit und Führung ausgebildet (Zutaten: Führung und Zusammenarbeit neu denken).
c. Alle Beteiligten erfahren in unterschiedlichen Formaten, wie sie selbst ihre eigene Zufriedenheit im Beruf steigern können und wie

Zusammenarbeit glücklicher und erfolgreicher wird (Zutaten: Mitarbeit und Zusammenarbeit neu denken).

d. Darüber hinaus erfahren sie, welche (Arbeits-)Lebensprinzipien dabei helfen (Zutat: Zusammenarbeit neu denken).

Im Rahmen von Mitarbeitenden-Befragungen werden besondere Schmerzpunkte von Seiten der Belegschaft, die ihre Zufriedenheit belasten, herausgefunden und in Projekten in Phase 2 bearbeitet. Dies werden dann einige von den vielen Beweisen sein, anhand derer die Mitarbeitenden in Phase 2 sehen werden, wie ernst es die Führungsmannschaft mit diesem Gesamtprojekt meint. Teil der Strategieentwicklung ist auch die Vorbereitung und Planung der wichtigen Kick-off-Veranstaltung, zu der alle im Unternehmen Beteiligten eingeladen werden.

Kick-off-Veranstaltung für alle Beteiligten: der Startschuss

Dies wird eine Veranstaltung der völlig neuen Art. Dieser Tag wird einen Neustart in der Geschichte des Unternehmens einläuten. Es wird ein neues Fundament fürs Unternehmen gegossen. Von allen Beteiligten zusammen! Die Geschäftsführung bringt die Besonderheit des Tages durch ungewohnt persönliche Worte an ihre Belegschaft zum Ausdruck. Wie sie dazu kam, sich auf so eine Reise zu einem Glücklichen Unternehmen zu begeben und was es für das Unternehmen, die Führungskräfte, alle Mitarbeitenden und sie selbst bedeutet.

Eine unglückliche Haltung steuert, wie wir wissen, die Wahrnehmung. Die klassische Interpretation von kritischem Mitarbeitenden wäre vor diesem Hintergrund: »Ja, ja, die kündigen mal wieder großspurig etwas an, aber in ein paar Wochen erweist sich das doch wieder nur als Luftnummer.« Damit dies nicht passiert, bedarf es eines Paukenschlags. Das Gehirn benötigt einen Impuls, der so stark ist, dass es zumindest wachgerüttelt wird und die Sensorik in der nächsten Zeit auf das Neue ausgerichtet wird.[39]

Um Mitarbeitende für eine neue, glücklichere Art der Zusammenarbeit zu gewinnen, bedarf es eines Paukenschlags.

Das Neue wird ihnen nahegebracht. Sie müssen für die Reise eingeladen und gewonnen werden. Das geht am besten, wenn sie an dem Tag schon ein neues Miteinander, mehr Nähe erleben, mehr aufeinander zugehen und erfahren, dass es sich dabei um das neue Selbstverständnis in Glücklichen Unternehmen handelt. Sie müssen in die Lage versetzt werden, eine klare Vorstellung von der glücklicheren Art der Zusammenarbeit zu bekommen. Sie müssen erkennen, dass dabei jeder der Beteiligten gewinnt, insbesondere sie selbst. Hier wird die Basis für alle vier Zutaten erfolgreicher Unternehmen geschaffen.

Darüber hinaus erhalten sie zwei weitere Informationen: Erstens, dass diese Transformation nicht, wie viele andere Changeprozesse, kräftezehrend ist, sondern ab morgen schon glücklichere Situationen entstehen, die ein besseres Gefühl ermöglichen. Zweitens erfahren Sie, dass alles auf Freiwilligkeit beruht, verstehen aber auch, dass Führungskräfte und sie selbst einen Beitrag zu ihrem Jobglück leisten können sowie gemeinsam dafür Verantwortung tragen.

Der Gedanke einer neuen Haltung wird geboren

Sie bekommen Einblicke in die Macht von Haltung und wie die Haltung der Führungskräfte sowie die der Mitarbeitenden zu Arbeit, Führung und Zusammenarbeit bisher das Verhalten aller Beteiligten gesteuert

[39] Mehr zu der Gestaltung so eines Paukenschlags anlässlich der Kickoff-Veranstaltung finden Sie in Pothmann 2021b, S. 182–184.

hat und wie unbefriedigend dies im Ergebnis für die meisten war. Und sie erfahren, wie eine andere, glückliche Haltung der Beteiligten zu einem gänzlich anderen Verhalten führen wird und dass dies für wiederum alle Beteiligten ein besseres Ergebnis bewirkt.

Sie erkennen, dass nicht die Führungsriege von ihnen (mal wieder) etwas Neues abverlangt, sondern dass sich alle auf den Weg machen, auf den Weg zu einer glücklicheren Zusammenarbeit. Ziel des Tages ist es, möglichst viele dafür zu inspirieren, sie zu gewinnen und darin zu ermutigen, sich darauf einzulassen und schließlich gemeinsam den Beschluss zu fassen, mit dem heutigen Tag die Reise gemeinsam zu beginnen.

Mitarbeitende müssen für diesen Weg begeistert und gewonnen werden, damit gemeinschaftlich alle Beteiligten beschließen, sich miteinander auf die Reise zu einem Glücklichen Unternehmen zu machen. !

Eine Mischung aus Begeisterung und Skepsis

Dieser Tag ist entscheidend für einen guten Start der Reise. Große Begeisterung muss das Ziel sein. Ist er gut gemacht, führt er auch dazu. Viele sind begeistert, einige Mitarbeitende zeigen sogar eine Euphorie, die sie selbst überrascht. Führungskräfte strahlen Aufbruchstimmung aus, und ihre Mitarbeitenden lassen sich anstecken. Dennoch bleibt eine gewisse Skepsis. Bei einigen besonders kritischen Mitarbeitenden bleibt (nicht überraschend) sogar eine ausgeprägte Skepsis. Die trauen »dem Braten«, besser gesagt ihrer Führungsriege noch nicht. Dies ist normal, und alles andere zu erwarten wäre auch unrealistisch. Aus dem unglücklichen Mindset am Kick-off-Tag direkt in einem Glücklichen zu landen, ist unmöglich. Die Entscheidung, die Reise zu beginnen, ist ein gemeinsamer Vorsatz, es zukünftig anders, glücklicher zu gestalten. Es braucht ab morgen die vielen positiven Erfahrungen, wenn das Unternehmen in die Phase 2 startet.

6.3.2 Phase 2: Neues Verhalten bewirkt ein glückliches Mindset

Tag eins nach dem Paukenschlag

Viele der Mitarbeitenden und Führungskräfte verhalten sich irgendwie anders, wohlwollender, wertschätzender. Die am Tag des Paukenschlages ausgesprochene Devise »Lasst uns doch alle schon so verhalten, als wenn wir schon ein Glückliches Unternehmen wären« fruchtet. Führungskräfte erscheinen nahbarer, sind offener, aufgeschlossener und nehmen den Mitarbeitenden mehr wahr und wichtig als jemals zuvor. Für einige erscheint es magisch. Sie sind bestärkt in ihrer Begeisterung. Andere bleiben skeptisch und äußern am Tag nach der Veranstaltung ihre Bedenken. Darauf wurden die Führungskräfte vorbereitet. Sie erwarten eben nicht, dass alle sofort begeistert mitmachen. Sie erwarten auch nicht, nur weil sie sich als Vorgesetzte einen Tag bemüht haben, dass ihre Mitarbeitenden sofort zu ihren Fans werden. Das braucht Zeit und viel mehr neue, glücklichere Erfahrungen. Das haben sie verstanden. Auch sind sie darin gebrieft worden, mit diesen Skeptikern und mit möglichen Ängsten ihrer Mitarbeitenden umzugehen, die typischerweise in Verbindung mit Veränderungsprozessen einhergehen.

Die folgenden Tage

Die nächsten Teamsitzungen sind inhaltlich von dem Thema Jobglück und dem Transformationsprozess geprägt. Die Teamleitung holt bei ihren Mitarbeitenden Feedback zu dem Tag und den Tagen danach ein und lädt jeden Einzelnen ein, Vorschläge einzubringen, wie das Jobglück im Team verbessert werden kann. Was in der Zusammenarbeit unrund läuft und wie sie es gemeinsam besser, sprich glücklicher machen können. Alles landet auf einer Jobglücks-Verbesserungs-Liste, die gut sichtbar für das Team aufgehängt wird.

Die Projektgruppe, die sich nicht zwingend aus Führungskräften zusammensetzen muss, nimmt ihre Arbeit auf. Sie wurde schon im Rahmen der Strategieentwicklung vorbereitet, sodass schnellstmöglich nach dem Start sichtbare Erfolge zu berichten sind. Verbesserungsideen, die über den Teamrahmen hinaus gehen, werden an die Projektgruppe übergeben. Dabei werden Geschäftsführung und Führungskräfte das erste Mal mit einigen Vorschlägen konfrontiert, die dem Programm »Wünsch-dir-was« entstammen. Hier heißt es, maßvoll und verständnisvoll mit den Vorschlägen umzugehen. Es muss sich vieles neu einstellen, insbesondere die Erwartungshaltungen der Beteiligten. Dies zu kommunizieren ist Teil des spezifischen Führungskräftetrainings.

Führungskräftetraining wird zur Ausbildung in Zusammenarbeit

Jemand, der sich selbst nicht führen kann, ist auch nicht gut darin beraten, es mit anderen zu versuchen. Dies ist vielen bekannt, die sich mit dem Thema Führung beschäftigen. Führungskräftetrainings in Unternehmen im oberen Teil der Pyramide beginnen deshalb typischerweise mit vielen Selbsterkenntnissen. Erst danach werden die Führungskräfte lernen, ihre Mitarbeitenden »zu erkennen« und sich in sie hineinzuversetzen. Sie lernen, sie zu verstehen, so wie sie auch gelernt haben, sich selbst besser zu verstehen. Sie erleben in diesem Zusammenhang eigenes Wachstum und sehen das als echte Bereicherung für sich selbst an. Allein diese positive Eigenerfahrung beflügelt sie darin, auch ihre Mitarbeitenden auf ihrem Weg zu unterstützen und ihnen möglichst viele Erkenntnisse und Wachstum zu ermöglichen.

Mitarbeitende bei ihrem Wachstum zu unterstützen fühlt sich für die Beteiligten großartig an.

Nach ihrem Selbsterkenntnisprozess und dem größeren Verständnis über ihre Mitarbeitenden, lernen sie, ihre Verhaltensweisen zu professionalisieren (Zutat: Führung neu denken). Ich sage hier bewusst, das Verhalten zu »professionalisieren«, da es durch ihre neue Haltung schon in die richtige Richtung gesteuert wird. Einige hatten vielleicht schon vor der Kick-off-Veranstaltung den Hang zu dieser Haltung, andere gewinnen gerade diese Überzeugung. Sie sammeln erste Erfahrungen, dass das auf das Jobglück ihrer Mitarbeitenden fokussierte Führungs-Verhalten viel Gutes bewirkt. Einige Führungskräfte lernen beispielsweise erstmalig, wie sie ihren Mitarbeitenden kritische Dinge sagen können, ohne in irgendeine Konfrontation zu geraten. Ganz im Gegenteil erhalten sie sogar Dank dafür.

Das liegt nicht primär an den wertvollen Tipps, die die Führungskraft ihren Mitarbeitenden gibt, sondern an der Haltung, die beide zu ihrer Zusammenarbeit entwickelt haben (Zutat: Zusammenarbeit neu denken). Führungskräfte sehen es nicht mehr als ihre Aufgabe an, zu kontrollieren, um Verhaltenskorrekturen einzufordern. Vielmehr begleiten, unterstützen und helfen sie ihren Mitarbeitenden, zu wachsen. Das ist von der Betrachtung her eine 180-Grad-Wende. So wird aus Führung nun Zusammenarbeit. Metaphorisch ausgedrückt, saßen früher die beiden im Gespräch gegenüber und fanden sich viel zu häufig in konfrontativen Situationen wieder. Jetzt sitzen sie nebeneinander und betrachten beide das Geschehen, zwar aus unterschiedlichen Perspektiven, aber mit demselben Interesse, dass der Mitarbeitende es schafft, ein Gernemachen auszuleben.

Führungskräftetraining wird ein Stück weit zur Ausbildung in der Zusammenarbeit mit den Mitarbeitenden.

Die Führungskräfte, denen es noch schwerfällt, ihre alte Haltung loszulassen und sich auf die neue einzustellen, tun sich auf der Verhaltensebene noch etwas schwerer. Sie müssen sich tatsächlich bewusst darauf konzentrieren, sich ihren Mitarbeitenden nun gegenüber unterstützender und wohlwollender zu verhalten. Glücklicherweise und des Paukenschlags sei Dank fällt dieses neue Verhalten bei den Mitarbeitenden positiv auf, und einige spiegeln das den Führungskräften mehr oder weniger deutlich. Auch diese Führungskräfte machen nun neue, glücklichere Erfahrungen und werden darin bestärkt, sich weiter zu bemühen.

Neue Führungskräfteausbildung kann wenig bewirken, wenn sie auf alte, verkrustete Strukturen und vergiftete Prinzipien stoßen. Sind die Beteiligten aber bereit ihren Sensor für eine Zeit auf das Positive einzustellen, entstehen glückliche Erfahrungen, die zuvor nicht denkbar waren, jetzt aber alle im Prozess beflügeln.

Kultur-Workshop und weitere sinnvolle Module

Je nach Reifegrad kann es für Unternehmen sinnvoll sein, unterstützend einen Werte- und Kultur-Workshop oder ein entsprechendes Projekt durchzuführen. Auch können Schmerzthemen, die die Mitarbeiterbefragung ergeben hat oder während des Prozesses deutlich werden, durch spezifische Formate bearbeitete werden. Was aber in keinem Transformationsprozess fehlen sollte, ist das folgende Element.

Jobglück-Workshop

Wie im vierten Kapitel deutlich wurde, bedeutet wirklich glückliche und erfolgreiche Zusammenarbeit auch die Übernahme von Verantwortung durch jeden Einzelnen. Verantwortung für all das, was Führungskräfte und Mitarbeitende im Unternehmen beitragen und auch beizutragen unterlassen. Verantwortung für die Qualität und Quantität ihrer Arbeit, Verantwortung für die vertikalen und horizontalen Beziehungsverhältnisse, sowie für das eigene Jobglück (Zutat: Mitarbeit neu denken). Während in Toxischen und Unglücklichen Unternehmen Mitarbeitende Verantwortung für ihr Verhalten, ihr Unterlassen und ihr Jobglück eher nicht übernehmen und dazu tendieren, insbesondere ihr eigenes Jobglück an ihre Führungskräfte zu delegieren, geht dies in Glücklichen Unternehmen nicht.

Mitarbeitende sollten sich im Klaren darüber sein, dass besonders die eigene Zufriedenheit zunächst etwas mit einem selbst zu tun hat. Mit seiner eigenen Haltung, mit seinem eigenen Verhalten und dann erst mit dem der anderen. Führungskräfte und Mitarbeitende haben dazu im Rahmen der Kick-off-Veranstaltung schon einiges gehört. In diesen Workshops sollte es konkret und praktisch werden. Ziel sollte es sein, dass die Teilnehmenden erkennen, dass sie mehr Einfluss auf ihre eigene Zufriedenheit haben, als sich das die meisten zuvor vorstellen konnten. Dass sie durch eine Vielzahl an Möglichkeiten, von denen sie in diesem Seminar erfahren[40], sogar ihre eigene Jobglücks-

[40] Wie Mitarbeitende selbstständig eine positive Haltung bezüglich Arbeit und Jobglück entwickeln können, wird in Pothmann (2019) beschrieben. Das Buch bietet zudem ein Trainingsprogramm, das Ihnen ermöglicht, selbstständig eine eigene Jobglückkompetenz und damit die eigene Zufriedenheit zu steigern. Einen Überblick über eine Vielzahl an Maßnahmen, mit denen Führungskräfte und Unternehmen ihre Mitarbeitenden für ihr eigenes Jobglück begeistern können, ist in Pothmann (2021b) im fünften und sechsten Kapitel beschrieben. Wie ein Mitarbeiter über die Jahre in dieser Haltung bestärkt werden kann und seine Leistungsbereitschaft dauerhaft auf einem hohen Niveau bleibt, wird im siebten Kapitel erläutert.

Kompetenz[41] selbst steigern können. Die Bereitschaft, dies zu tun, basiert auf der für viele neuen Erkenntnis, dass sie selbst die größten Gewinner in diesem Glücksspiel sein werden. Denn:

Je zufriedener ein Mensch im Kontext von Arbeit ist, desto glücklicher ist er in seinem Leben insgesamt. !

Für diejenigen, die die Verantwortung dafür bisher an ihre Führungskraft delegiert hatten, ist das tatsächlich ein echtes Learning.

Die Erkenntnis im Jobglück-Workshop ist: Jeder hat bei Weitem mehr Macht über seine eigene Arbeitszufriedenheit, als er/sie sich bisher vorstellen konnte. !

Dies bestärkt die Beteiligten, sich glücksförderlich zu verhalten, und verstärkt diesen Vorsatz zu einer neuen Überzeugung. Sie bewirkt weiterhin (noch) glücksförderlicheres Verhalten, das auch positive Wirkung auf die Arbeit im Team hat und auch dort für weitere glücklichere Erfahrungen sorgt.

Gleichzeitig sollte so ein Seminar helfen, die Erwartungen an ihre Führungskraft besser einstellen zu können. Manche Erwartungen an sie sollten sinken. Die Einsicht in die Verantwortung fürs eigene Jobglück entlastet die Beziehung zwischen Mitarbeitenden und der Führungskraft. Die wiederum leistet mehr Beiträge dazu als jemals zuvor, was

---

[41] Mehr zur Steigerung der Jobglücks-Kompetenz siehe auch Pothmann (2019), S. 60–65. Dass Glück eine Kompetenz ist und trainiert werden kann, erläutert zum Beispiel der Direktor des Gross National Happiness Centre (Thimphu, Buthan), Dr. Ha Vinh Tho, in seinem Buch »Grundrecht auf Glück. Bhutans Vorbild für ein gelingendes Miteinander« (2018, siehe besonders S. 60, 96 und 164).

weitere gute Erfahrungen auf dem Weg zum glücklichen Mindset bedeutet.

Im Laufe des Prozesses

Die Projektgruppe berichtet, dass das gesamte Recruiting, Einstellungsverfahren und Onboarding auf die Standards Glücklicher Unternehmen angehoben wurden. Nicht in den Projekten involvierte Mitarbeitende und Führungskräfte hören, dass es viel Arbeit war, aber ihr Unternehmen diesbezüglich jetzt in einer ganz anderen Liga spielt. Die Teams erfahren, was sich verändert hat und welchen Beitrag sie in diesen Prozessen leisten können (Zutat: ganzheitlich neu denken). Sie erleben überrascht, wie neuerdings Bewerbende schon mit Beginn des Probetages erläutern (können), was sie an dieser Art der Zusammenarbeit alles toll finden. Die Dauerskeptiker kommentieren das reflexartig als Gehirnwäsche, finden jetzt aber mit solchen destruktiven Sprüchen keine Anhänger mehr. Zu viele Beweise hat es schon gegeben, die die Glaubwürdigkeit und Ernsthaftigkeit des Prozesses belegen.

Teams haben mittlerweile ihre ersten teaminternen Projekte abgehakt, sich dafür gefeiert und sich damit selbst neue Beweise geliefert. Das ist auch eines ihrer Learnings: Teamprobleme angehen, lösen und das gute Klima feiern. Sowieso zeigt sich, dass der Blick auf das Erreichte und Positive viel glücksförderlicher und stimmungserhellender ist, als das dauernde Gemecker von früher.

Teams entwickeln sich selbst zu Glücklichen Teams und liefern sich dadurch selbst Beweise dafür, wie glücksförderlich der Weg zum Glücklichen Unternehmen für sie ist.

Führungskräfte-Treffen dienen dazu, von den unterschiedlichen Entwicklungen in den Teams zu berichten und Erfahrungen auszutauschen. Gutes wird in die anderen Teams weitergetragen, und von unglücklichen Erfahrungen Einzelner können die anderen Führungskräfte partizipieren.

Spezifische Elemente in Führungstrainings

Diese einzelnen Erfahrungen sind Teil der praktischen Ausbildung glücklich-erfolgreicher Führung, wie ich die Führung in Glücklichen Unternehmen nenne.[42] Neben den grundlegenden Führungsthemen, für die es ein riesiges Angebot an moderner Literatur und Trainings gibt und die auch in Glücklichen Unternehmen gut einzusetzen sind, ist das Führungs-Verhalten in Glücklichen Unternehmen ein Stück weit spezifisch:

Argumentationen in guten wie auch in schwierigen Situationen, Krisen oder Kündigungen finden im Kontext der Thematik Jobglück statt. Dies will trainiert sein. Wie gesagt: Eine entsprechende Haltung hilft, aber Routinen liefert sie am Anfang noch nicht. Und so ist es nicht verwunderlich, dass sich einige Führungskräfte zu Beginn des Transformationsprozesses etwas überfordert fühlen, weil es ihnen an diesen Routinen noch fehlt und sie ihre alten glücklicherweise nicht mehr nutzen wollen. Vorgesetzte von Führungskräften lernen, dass sie in

[42] Vgl. Pothmann (2021b): »Glücklich-erfolgreich führen. Führung, durch die alle gewinnen«. Dieses Buch hilft einer Führungskraft, eine auf das Jobglück seiner Mitarbeitenden fokussierte Führungs-Haltung zu entwickeln (Kap. 1–4) und gibt eine Vielzahl an Praxistipps aus dem Leben einer Führungskraft in einem Glücklichen Unternehmen (Kap 5–8).

diesem Aspekt nun mehr in der Pflicht sind. Ihre Mitarbeitenden sind Führungskräfte, die auch Unterstützung benötigen. Wenn sie sie bekommen, beeinflusst das ihre Zufriedenheit, gibt ihnen das Gefühl, ebenfalls unterstützt zu werden, was die Beziehung zu ihrem Vorgesetzten stärkt. Auch das sind Beweise dafür, dass sich etwas Grundlegendes im Unternehmen ändert.

Interne Kommunikation

Die interne Kommunikation des Prozessverlaufs und vor allen Dingen des Erreichten ist äußerst wichtig – ob es die Ergebnisse der Projekte auf Unternehmensebene oder in den Teams sind, die kleinen glücklichen Errungenschaften, die großen Veränderungen oder die Vielzahl an Situationen an täglich glücklicherem Verhalten, die sich mittlerweile etabliert haben. Es sind alles Beweise für die Unschlagbarkeit eines Glücklichen Unternehmens, die kommuniziert werden sollten. Denn den Fortschritt zu sehen und zu spüren ist der erste Beweis fürs Gehirn. Die gute Erfahrung hilft ja, die neuronale Autobahnverbindung zum guten Gefühl umzubauen. Ein weiterer Beweis fürs Gehirn geschieht, wenn darüber gesprochen wird. Schon deshalb ist die interne Kommunikation von größter Bedeutung. Sie liefert und verstärkt die Beweislage.

Externe Kommunikation

Unternehmen sind gut darin beraten, alle ihre Erfolge nach außen zu tragen, die Außenwelt an dem teilhaben zu lassen, was im Unternehmen an Transformationsprozess geschieht, und zu vermitteln, was ein Glückliches Unternehmen auszeichnet. Permanente Berichte über Glückserfolge lassen Interesse entstehen.

Freunde und Bekannte fragen irgendwann neugierig nach, was denn in der Firma los ist, und Mitarbeitende berichten mit strahlenden Augen und vielleicht sogar mit einer Prise Stolz über das, was sie an Veränderungsprozess gerade erleben. Dass sie sich das zuvor nicht vorstellen konnten, aber jetzt so viele Beweise erfahren haben, dass sie nun davon überzeugt sind, dass es auch glücklicher im Kontext von Arbeit geht. Allein schon von Externen darauf angesprochen zu werden ist wieder eine gute Erfahrung und vergrößert die Beweislage.

Einige Mitarbeitende ertappen sich selbst dabei, wie sie vielleicht erstmalig Partei für ihr Unternehmen ergreifen und es nach außen hin positiv darstellen. Gleichfalls fühlt es sich gut für sie an, so viel Akzeptanz von außen für ihr Unternehmen zu erhalten. Das stärkt die Identifikation und Bindung zu ihrem Unternehmen.

In Glücklichen Unternehmen empfinden Menschen ihre Arbeitszeit als wertvollen Teil ihrer Lebenszeit, und das tragen sie nach außen. !

Von den Erfolgen auf dem Weg zum Glücklichen Unternehmen zu berichten weckt nicht nur Interesse, sondern macht Menschen, die ihr Unternehmen verlassen wollen, neugierig. Wie im ersten Kapitel beschrieben, ist einer der wesentlichen Gründe für Mitarbeiterfluktuation eine zu hohe Unzufriedenheit. Und nun hört oder liest diese unzufriedene Person von einem Unternehmen, dem das Jobglück ihrer Mitarbeitenden wichtig ist. Das führt nicht nur zu Interesse, sondern zu großer Anziehungskraft.

Mehr Bewerbende wollen hier mitarbeiten

Auffällig ist, dass in Unternehmen, die sich in so einem Transformationsprozess befinden, so gut wie niemand mehr kündigt und ganz im Gegenteil die Bewerberzahlen auffällig steigen. Kein Wunder, die einen erleben und erfahren etwas, was sie zuvor vielleicht für unmöglich hielten und fühlen sich mit ihrem Unternehmen, ihrer Führungskraft und ihrem Team verbunden wie noch nie. Und die anderen wollen genau so etwas endlich erleben.

Das Bild vom Glücklichen Unternehmen zieht Bewerbende magisch an.

Was zum Ende des Prozesses geschieht

Hunderte von großen und kleinen Beweisen hat es gegeben. Alle haben zu guten Erfahrungen und einem guten Gefühl geführt. Wenn's dann doch mal unrund lief, haben alle gelernt, dass es besser ist, die Herausforderung sofort zu besprechen und wieder einen glücklichen (Team-) Zustand herbeizuführen. Die Begeisterung bei den schon anfänglich Begeisterten ist nach wie vor hoch. Die Unsicheren, Unentschlossenen haben ihre Skepsis weitestgehend abgelegt. Die vielen guten und für sie unerwarteten Erfahrungen haben ihnen dabei geholfen. Und die Dauerkritiker, sofern sie noch existieren, haben ihre Mehrheit und den Zuspruch durch andere eindeutig verloren. Sie stehen jetzt mit ihrer Unzufriedenheit, an der sie bewusst oder unbewusst immer noch festhalten, ziemlich alleine da.

Eine ähnliche Entwicklung fand bei den Führungskräften statt. Sie haben sich viel in den Prozess eingebracht, aber auch viel gewonnen: gute Erfahrungen und eine größere Zufriedenheit. Das hat viele von ihnen darin bestärkt, an ihrer auf Jobglück ausgerichteten Führungs-Haltung festzuhalten. Sie setzen sich für die Zufriedenheit der Mitarbeitenden weiterhin ein. Am Anfang des Prozesses war es noch anstrengend, sich entsprechend zu verhalten, nun fällt es leicht. Die auf das Jobglück ihrer Mitarbeitenden fokussierte Führungs-Haltung ist entwickelt, und ab jetzt wirkt der automatisierte Mechanismus. Jetzt wird das Führungs-Verhalten wirklich authentisch, intuitiv und fühlt sich natürlich an.

Viele positive Erfahrungen manifestieren das neue, glückliche Mindset.

Zwei Prinzipien verstärken das glückliche Mindset

Zwei Prinzipien, die vor dem Start noch das unglückliche Mindset verstärkten, wirken nun in die entgegengesetzte Richtung. Zum einen ist es das Prinzip der Resonanz, bei dem Gleiches Gleiches anzieht.[43] Bei dem unglückliche Erfahrungen weitere unglückliche Erfahrungen anziehen. Dies kehrt sich nun um. Jetzt steuert die Haltung der Beteiligten die Wahrnehmung in eine glücklichere Richtung und sorgt für eine entsprechende Interpretation, Bewertung und für ein glücklicheres Gefühl.

Glückliche Erfahrungen bei jedem Einzelnen und im Kollektiv ziehen nun glückliche Erfahrungen an. Es entsteht ein neues Mehrheitsgefühl: ein glücklicheres!

Was geschah früher, wenn ein neuer Mitarbeiter in ein unglückliches Mindset geriet? Er oder sie hatte Schwierigkeiten, sich dem zu entziehen und zufrieden zu bleiben oder es zu werden. Das zweite Prinzip, das Konformitätsprinzip[44] leistet einen Beitrag dazu. Menschen tendieren dazu die Mehrheitsmeinung und das Mehrheitsgefühl zu übernehmen. Ohne, dass es ihnen großartig auffällt, passen sie sich der Situation an. Und nun bewerben sich Menschen in einem Unternehmen, von dem sie im Außen schon hören, wie großartig es im Innen ist. Sie erleben im gesamten Recruiting-, Bewerbungs- und Einstellungsverfahren, welch große Relevanz das Thema Jobglück im

[43] Vgl. Dahlke 2008, S. 101–135.
[44] Mehr zu den Prinzipien Resonanz und Konformität erfahren Sie in Pothmann (2019) S. 39–41.

Unternehmen hat und was es mit den Menschen macht. Sie sind offensichtlich viel zufriedener als in anderen Unternehmen. Diese Bewerbenden sind schon vor der Vertragsunterzeichnung so geframt, dass sie für ein solches Arbeitsumfeld brennen. Ihre Erwartungshaltung ist:

»Wenn alle in diesem Unternehmen glücklich sind, werde ich es hier auch.«

Wer entscheidet, ob ein Unternehmen ein glückliches ist?

Irgendwann fragen Mitarbeitende und auch Führungskräfte, ob ihr Unternehmen schon ein glückliches ist oder wann es so weit sein wird? Nach welchen Kriterien würde denn das bewertet? Einige von ihnen erwarten komplexe Bewertungsverfahren. Andere vermuten, die Geschäftsführung würde das einfach so entscheiden. Überrascht sind sie dann, wenn die Antwort ist, dass alle Beteiligten dies gemeinsam entscheiden. Niemand anders kann das glaubwürdiger entscheiden als die Beteiligten selbst. Niemand anders kann beurteilen, inwieweit die Situation sich seit dem Start des Prozesses verbessert hat. Ob sich das eigene und insbesondere das Mehrheitsgefühl in diesem Unternehmen zum Positiven hin verändert hat.

Und es hat sich viel verändert: Die Mehrheit der Mitarbeitenden erleben das, was sich insgeheim alle wünschen: Zufriedenheit auch im Kontext von Arbeit zu erleben. Es ist insgesamt ein besseres Gefühl für jeden Einzelnen und für alle in der Gruppe. Gernemachen fühlt sich nun mal einfach besser an. Das Klima hat sich grundlegend zum Positiven gewandelt. Das Mehrheitsgefühl ist viel besser. Es fühlt sich tatsächlich an wie ein Sprung in eine höhere Liga. In Jobglück-Workshops antworten mir manchmal Mitarbeitende auf die Frage, wie es im Transformationsprozess läuft, dass sie niemals bei einer anderen

Firma arbeiten wollen. Sicherlich ist diese Aussage übertrieben. Sie zeigt aber erstens die entstandene Begeisterung für ihr Unternehmen, und zweitens lässt sie auf eine gigantische Veränderungsangst vor dem Wechsel zu anderen Unternehmen schließen.

Geschäftsführung und Führungskräfte haben sich intensiv in den Prozess eingebracht und erhalten jetzt Akzeptanz, Rückhalt und Entlastung von ihren Mitarbeitenden wie noch nie. Die übernehmen bereitwilliger und verantwortungsvoller Aufgaben und erledigen sie zuverlässiger. Sie verhalten sich im Team kollegialer und kooperativer. Das führt zu reibungsloseren Arbeitsprozessen und entlastet die Führungskräfte. Und vor allen Dingen lässt es den wirtschaftlichen Erfolg entstehen, der das logische Ergebnis ist, wenn alle Beteiligten ihre Arbeit gerne- und damit gut machen.

Alle gewinnen. Und so sollte es sein. Das hatten sich alle bei der Kick-off-Veranstaltung vorgenommen und dann durch ihr neues, glücklicheres Verhalten sich selbst bewiesen. Und so überrascht es nicht, dass bei der Vielzahl an positiven Veränderungen und besonders bei der noch viel größeren Anzahl an eigenen glücklichen Erfahrungen und einem glücklicheren Gefühl im Team, mit der Führungskraft, in der Abteilung, mit den anderen Abteilungen, selbst mit der Geschäftsführung, eine glückliche Entscheidung herauskommt.

Die Entscheidung darüber, ob ihr Unternehmen den Sprung in die Zukunft, zum Glücklichen Unternehmen geschafft hat, treffen diejenigen, die es betrifft: alle im Unternehmen – gemeinsam!

Diese zu feiern ist allen ein Anliegen. Sich dafür zu feiern, was einige zuvor vielleicht für unmöglich hielten. Sich dafür zu feiern, eine gänzlich andere, glücklichere Unternehmenswelt, und damit den Sprung in den oberen Teil der Glückspyramide der Unternehmen geschafft zu haben.

6.3.3 Phase 3: Ein Nachhaltigkeitsprogramm sichert das neue Selbstverständnis

Auch wenn alle in einem Glücklichen Unternehmen ein Interesse daran haben, dieses glückliche Selbstverständnis der Zusammenarbeit zu schützen, ist dennoch etwas zu tun, um die Qualität der Zusammenarbeit und Führung auf diesem Niveau zu halten oder sogar noch weiter auszubauen.

So sollte darauf geachtet werden, dass das Jobglück dauer- und omnipräsentes Thema im Unternehmen bleibt, dass es selbstverständlicher Bestandteil von Mitarbeitergesprächen, Teamsitzungen, Führungskräftetreffen und vielen anderen alltäglichen Situationen der Zusammenarbeit und Führung ist. Auch wird es weiter als Analyseinstrument benutzt, um herauszufinden, ob und wie Prozesse und Strukturen weiter verbessert werden können.

Gleichfalls ist es wichtig zu gewährleisten, dass Mitarbeitende, die in eine Führungsrolle aufsteigen, entsprechendes Führungs-Know-how erhalten, und dass neue Mitarbeitende die Möglichkeit bekommen, in die Welt eines Glücklichen Unternehmens einzutauchen bevor das Arbeitsverhältnis beginnt.

7. Ausklang: gemeinsam in die Zukunft

In der Einführung dieses Buches mussten wir feststellen, dass die meisten Unternehmen seit Langem in Paradigmen feststecken, mit denen sie nicht die immensen Herausforderungen unserer Zeit und schon gar nicht die der Zukunft lösen können. Sie plagen sich seit Jahren mit Problemen wie dem Fachkräftemangel herum, verbunden mit der schwierigen und teuren Gewinnung und Einarbeitung von Mitarbeitenden. Die Unternehmen ärgern sich über unmotivierte und unzufriedene Mitarbeitende, die, wie auch die Bewerbenden, höhere Ansprüche stellen als jemals zuvor. Und sie kämpfen mit sinkender Produktivität und damit schwindendem wirtschaftlichen Erfolg.

Ich habe die Probleme metaphorisch als Symptome eines ungesunden Systems bezeichnet. In der Summe zeigen sie ein multiples Krankheitsbild. Bei der Analyse dieser einzelnen Symptome zeigte sich, dass die Ursache eine zu große Unzufriedenheit der Menschen mit dem ist, was sie in ihren Unternehmen erleben. Sie sind zu unglücklich, um sich an ihr Unternehmen zu binden und um es erfolgreich zu machen. Eine der ersten der zehn Erkenntnisse war: Wenn Unternehmen in Zukunft ihre belastenden und ertragsmindernden Herausforderungen lösen wollen, muss die Lösung etwas mit der Zufriedenheit der Mitarbeitenden zu tun haben.

Mit der Antwort auf die Frage, wie die Perspektive der Unternehmen für die Zukunft ist, wurde es noch deutlicher: Die Generationen der Babyboomer und X klinken sich immer mehr aus ihrem unbefriedigenden Arbeitsleben aus, und die jungen Generationen steigen zu solch unglücklichen Bedingungen erst gar nicht ein. Damit ist die

Perspektive klar: Es wird schlimmer! Und die Schlussfolgerung und eine weitere der 10 Erkenntnisse war:

Wir müssen Zusammenarbeit und Führung fundamental neu und zwar glücklicher denken. !

Denn:

Das Jobglück der Menschen wird offensichtlich zur Achillessehne jedes Unternehmens. !

Das bedeutet für die Zukunft: Die Unternehmen, die es ablehnen, der Zufriedenheit ihrer Mitarbeitenden mehr Aufmerksamkeit zu geben, werden zukünftig von ihnen abgelehnt. Sie werden sich immer mehr für engagierte Arbeit verweigern oder ganz aussteigen.

Die Erkenntnis ist: Das Jobglück der Menschen wird zum Generalschlüssel, um die Herausforderungen zu lösen, unter denen die meisten Unternehmen schon heute und erst recht in Zukunft leiden (werden). !

Dabei bedeutet Jobglück nichts anderes als Gernemachen. Mitarbeitende haben im Kontext von Arbeit ein gutes Gefühl. Sie machen gerne und damit auch gut. Jobglück als zentrale Zielgröße sämtlichen unternehmerischen Handelns begründet einen wissenschaftlich bewiesenen Wirkungsmechanismus, der Erfolg als logisches Ergebnis entstehen lässt. Darüber hinaus zeigt sich, dass mithilfe dieses Jobglücks ein Unternehmensparadigma entwickelt werden kann, mit dem die oben genannten Herausforderungen gelöst werden können. Vor diesem Hintergrund wurde klar:

Das Jobglück der Beteiligten im Unternehmen wird zum Gamechanger der Zukunft.

Denn, und auch das wurde deutlich: Unglückliche sowie Toxische Unternehmen werden in Zukunft überproportional verlieren. Sie verlieren Erfolg, Mitarbeitende, zufriedene Kunden. Letztendlich verlieren sie in allen wichtigen Kategorien, die für ihren Erhalt überlebenswichtig sind. Hingegen gewinnen Glückliche Unternehmen überproportional – in all diesen Kategorien. So ist die Botschaft klar:

Die Gewinner der Zukunft sind Unternehmen, die das Jobglück ihrer Mitarbeitenden und auch ihrer Führungskräfte konsequent in den Fokus nehmen und ihr gemeinsames Handeln darauf ausrichten.

Deshalb wird es eine große, gezielte Wanderung der Mitarbeitenden und angestellten Führungskräfte zu Unternehmen in den oberen Teil der Glückspyramide der Unternehmen geben. Dieser Abwanderungsprozess wird sich, wie deutlich wurde, in den nächsten Jahren sogar immens beschleunigen und verstärken. Denn Unglückliche und Toxische Unternehmen werden im Vergleich so viel schlechter dastehen, dass ihre Mitarbeitenden scharenweise flüchten werden.

Bei der Analyse wurde zudem folgendes klar:

Für eine erfolgreiche Zukunft reicht es bei Weitem nicht aus, nur Führung neu zu denken. !

Unternehmen werden gezwungen, in den oberen Teil der Glückspyramide der Unternehmen zu springen. Dies bedarf eines ganzheitlichen und gemeinschaftlichen Transformationsprozesses, bei dem eine Führungskultur zu entwickeln nur eine von vier Zutaten des Prozesses ist. Was es für den Sprung in die Spitzenklasse der zukunftsfähigen Unternehmen braucht, ist in der 10. Erkenntnis dieses Buches zusammengefasst:

Um die Herausforderungen der Unternehmen in der Zukunft zu lösen, müssen alle im Unternehmen Beteiligten gemeinsam Arbeit, Zusammenarbeit und Führung ganzheitlich fundamental neu und zwar glücklicher denken und leben! !

Dabei muss die Geschäftsführung sich entscheiden, ob sie die Sollbruchstelle oder der Motor für den Sprung in die Zukunft sein möchte. Sie ist es nämlich, die einen solchen neuroplastischen Transformationsprozess zu einem Glücklichen Unternehmen und damit den Sprung in die Zukunft initiiert. Die daraus entstehende neue, glücklichere Art der Zusammenarbeit, die auf einem glücklichen Unternehmens-Mindset basiert, führt zu glücklicheren Haltungen der Beteiligten zu Arbeit, Zusammenarbeit und Führung sowie einer positiven Haltung untereinander. Das führt zu engagiertem und auf Zusammenarbeit basierendem Verhalten, eben zum Gernemachen. Das alles lässt die Menschen das erleben, wonach viele schon jetzt und noch viel mehr in der Zukunft streben: Arbeitszeit als glücklichen und sinnvollen Teil der eigenen Lebenszeit zu erleben. Im Ergebnis, und auch das wurde deutlich: Es gewinnen dabei alle. Das macht diese Art des Unternehmen-Paradigmas so attraktiv, erfolgreich und damit zukunftsfähig.

Wie wir aber auch sehen konnten, ist die größte Herausforderung dabei nicht die Umsetzung, sondern die Menschen zunächst dafür zu gewinnen und zu ermutigen, ihre eigene Haltung zu Arbeit, Zusammenarbeit und Führung zu hinterfragen und sich dann, ob alleine oder als Gemeinschaft, auf den Weg zu einer neuen, glücklicheren Haltung zu machen.

Mein Anliegen ist es, mit diesem Buch Geschäftsführungen, Führungskräfte und Mitarbeitende dafür zu gewinnen, diese Themen neu zu denken, glücklicher zu denken. Ja, Sie haben es gelesen, Zufriedenheit im Kontext von Arbeit ist möglich und auch Führungskräfte gewinnen, wenn sie ihre Mitarbeitenden bei ihrem Jobglück unterstützen.

Helfen Sie mir, diese Sicht von den Unternehmen der Zukunft in die Welt zu tragen. Erzählen Sie die Erkenntnisse gerne weiter. Sie dürfen dazu meine in diesem Buch dargestellten Abbildungen verwenden. Zum Download finden Sie diese und andere auf meiner Internetseite im Pressecenter: https://drpothmann.de/presse-center/.

Lassen Sie uns die Menschen für mehr Zufriedenheit im Job begeistern, damit unsere Arbeitswelt zu-Frieden-er wird. Wie gesagt, dann gewinnen alle!

Ihr
Achim Pothmann

P.S.: Wenn Sie darüber hinaus mehr Interesse an dieser Thematik haben, vernetzen Sie sich gerne mit mir. Auch freue ich mich, wenn Sie mich an Ihren Erfahrungen teilhaben lassen, die Sie als

Geschäftsführung, Führungskraft oder Mitarbeitende auf dem Weg in den oberen Teil der Glückspyramide gemacht haben.

LinkedIn: https://www.linkedin.com/in/dr-achim-pothmann/
YouTube: https://www.youtube.com/@DrPothmann
Facebook: https://www.facebook.com/Jobglueck/
Mail: Info@DrPothmann.de

Danksagung

Zunächst möchte ich mich bei meinen Studierenden dafür bedanken, sich darauf eingelassen haben, Führung und Zusammenarbeit neu zu denken. Das hat sie gefordert und im Rahmen der wissenschaftlichen Diskussionen Erkenntnisse generiert.

Eine Vision von einem Glücklichen Unternehmen theoretisch zu entwickeln ist das eine. Es in die Tat umzusetzen ist etwas völlig anders. Die Verbundenheit zu den Mitarbeitern, zu der ich Sie, liebe Leserinnen und lieber Leser, mit diesem Buch ermutigen möchte, habe ich viele Jahre mit meinen Mitarbeitenden gelebt. Ich habe herausgefunden: Es gewinnen tatsächlich alle. Das war eine großartige Erkenntnis. Hierfür möchte ich mich bei meinen früheren Mitarbeiterinnen und Mitarbeitern herzlich bedanken.

Darüber hinaus möchte ich mich bei den vielen Vorständen, Geschäftsführungen, Führungskräften und Mitarbeitenden aus Unternehmen der unterschiedlichsten Größen, Branchen und Hierarchieebenen bedanken. Im Rahmen der Recherchen zu meinen Büchern ließen sie mich an ihrer Führungswelt teilhaben, um zu sehen, wo deren große und kleine Führungs-Probleme liegen, und um zu erkennen, wie sich viele dieser Baustellen in glücklichen Unternehmen in Luft auflösen.

Anja Wordel und meine Beraterkollegen Markus Morawe und Oliver Nixdorf sowie Prof. Dr. Claus Wilke und Thomas Otte haben mich bei diesem Buchprojekt und der Überarbeitung des Manuskriptes intensiv unterstützt. Mit Hingabe, Akribie, großer Professionalität und Expertise haben sie es Seite für Seite inhaltlich hinterfragt und auf Konsistenz geprüft. Sie gaben mir viele Anregungen zur Verbesserung und trugen zum Gelingen dieses Buchprojektes erheblich bei. Hierfür danke ich ihnen von ganzem Herzen.

Besonders großer Dank gilt meiner Beraterkollegin Jana Kirchner, die mich schon bei meinen letzten Buchprojekten intensiv mit ihrem umfassenden Wissen, ihrer Fachkompetenz und ihren besonderen Erfahrungen in diesem Themenbereich unterstützt hat. Es hat mir eine riesige Freude gemacht, mit ihr als Sparringpartnerin das Manuskript zu perfektionieren, um es zu dem zu machen, zu dem es jetzt geworden ist.

Mit meinem Lektor, Dr. Peter Schäfer, zusammenzuarbeiten, hat mir auch bei diesem Buchprojekt wieder besondere Freude bereitet. Wie immer hat er sich mit größtem Engagement auf das Projekt eingelassen und zur Verbesserung des Manuskriptes erheblich beigetragen. Für seine außerordentlich professionelle Unterstützung möchte ich mich herzlich bedanken.

Am allermeisten gilt der Dank meiner Frau Andrea Pothmann. Sie gibt mir den Freiraum, meine Buchprojekte zu realisieren und meine Botschaft von Glücklichen Unternehmen in die Welt zu tragen. Dies ist meine Mission, und den Rückhalt dazu erhalte ich durch sie.

Literatur

Alderfer, Clayton P. (1972): Existence, Relatedness and Growth; Human Needs in Organizational Settings. Free Press, New York.

Bock, Petra (2020): Der entstörte Mensch. München: Droemer.

Beck, Don E. und Cowan, Christopher C. (2007): Spiral Dynamics – Leadership, Werte und Wandel: Eine Landkarte für das Business, Politik und Gesellschaft im 21. Jahrhundert. Bielefeld: Kamphausen.

Eller, Eric (2022): Vertrauensarchitektur. Wie Vertrauen entsteht und wie Unternehmen die richtigen Kund:innenerlebnisse dafür schaffen. München: Franz Vahlen.

Fuchs, Johann und Söhnlein, Doris und Weber, Brigitte (2021): Demografische Entwicklung lässt das Arbeitskräfteangebot stark schrumpfen, in: IAB-Kurzbericht 25/21.

Geisler, Gordon (2022): Die Zukunft der Arbeit ist digital und human. URL: https://www.springerprofessional.de/organisationsentwicklung/digital-leadership/die-zukunft-der-arbeit-ist-digital-und-human/19394128 (20.03.2024).

Graves, Clare W. (2014): Sein Leben, sein Werk: Die Theorie menschlicher Entwicklung. Haiger: Werdewelt Verlags- und Medienhaus.

Institut für Arbeitsmarkt- und Berufsforschung (2023): Das Erwerbspersonenpotenzial schrumpft bis 2060 um 11,7 Prozent. URL: https://iab.de/presseinfo/rueckgang-des-erwerbspersonenpotenzials-bis-2060-um117-prozent/ (14.03.2024).

Laloux, Frederic (2015): Reinventing Organizations. Ein Leitfaden zur Gestaltung sinnstiftender Formen der Zusammenarbeit. München: Franz Vahlen.

Laloux, Frederic (2017): Reinventing Organizations. Ein illustrierter Leitfaden sinnstiftender Formen der Zusammenarbeit. München: Franz Vahlen.

Lyubomirsky, Sonja und King, Laura und Diener, Ed (2005): The benefits of frequent positive affect: does happiness lead to success? In: Psychological Bulletin, 131 (6), S. 803–855.

Maslow, Abraham H. (1992): Psychologie des Seins. Ein Entwurf. Frankfurt a.M.: Fischer.

Pothmann, Achim (2019): Jobglück. Wie du den Montag lieben lernst. 2. Auflage. Hannover: Humboldt.

Pothmann, Achim (2020): Arbeit neu denken! Erst die Arbeit, dann das Vergnügen? Das eine muss das andere nicht ausschließen, in: Visionen 4/5 2020, S. 54–57.

Pothmann, Achim (2021a): Die Glückspyramide der Unternehmen: Glückliche Unternehmen durch glücklich-erfolgreiche Führung, in: Fischer, Andrea und Prizelius, Christin (Hrsg.): Viele Wege führen zum Glück. Experten stellen vor. Heidelberg: Springer, S. 87–97.

Pothmann, Achim (2021b): Glücklich-erfolgreich führen. Führung, durch die alle gewinnen. Heidelberg: Springer.

Pothmann, Achim (2021c): Glückliche Unternehmen. Wie Erfolg selbstverständlich wird. Norderstedt: BoD.

Pothmann, Achim (2021e): Warum sind Glückliche Unternehmen erfolgreicher? URL: https://www.letsfindexperts.com/blog/warum-sind-gluckliche-unternehmen-erfolgreicher (14.03.2024).

Pothmann, Achim (2022): Wie Sie Ihr Jobglück und Ihren Erfolg im Vertrieb steigern, in: Schumacher, Oliver und Sahle, Christian: Bock auf Vertrieb. So machen Ihre Kunden Gewinn und Sie Karriere. Offenbach: Gabal, S. 205–208.

Pothmann, Achim (2023a): Glückliches Team im unglücklichen Unternehmen: ist das möglich? URL: https://www.linkedin.com/pulse/gl%25C3%25BCckliches-team-im-ungl%25C3%25BCcklichen-unternehmen-ist-das-pothmann/?trackingId=GGeo6mol74SzfM9YZaKGGw%3D%3D (14.03.2024).

Pothmann, Achim (2023b): Glückliches Team. Entscheide dich für das Jobglück deiner Mitarbeitenden URL: https://www.letsfindexperts.com/blog/gluckliches-team (14.03.2024).

Rehwaldt, Ricarda (2019): Glück in Unternehmen. Positive Psychologie für Führung und Organisationsentwicklung. Wiesbaden: Springer.

Sinek, Simon (2011): Start with Why: How Great Leaders Inspire Everyone to Take Action. London: Penguin.

Statistisches Bundesamt (2019): Bevölkerung im Erwerbsalter sinkt bis 2035 voraussichtlich um 4 bis 6 Millionen. URL:

https://www.destatis.de/DE/Presse/Pressemitteilungen/2019/06/PD19_242_12411.html (14.03.2024).

Tho, Ha Vinh (2018). Grundrecht auf Glück. Bhutans Vorbild für eine gelingendes Miteinander. Stuttgart: Nymphenburger.

XING-Studie (2023): Job-Frust in Deutschland: Jeder Zweite wirft schon nach einem Jahr hin – Gründe lassen tief in Arbeitskultur blicken. URL: https://www.xing.com/news/articles/job-frust-in-deutschland-jeder-zweite-wirft-schon-nach-einem-jahr-hin-grunde-lassen-tief-in-arbeitskultur-blicken-5918739#:~:text=Job-Frust%20in%20Deutschland%3A%20Jeder%20Zweite%20wirft%20schon%20nach,des%20Jobs-Netzwerks%20XING%20diese%20Kündigung%20nicht.%20Weitere%20Elemente (14.03.2024).

Zukunftsinstitut (2023): Megatrend New Work. URL: https://www.zukunftsinstitut.de/zukunftsthemen/megatrend-new-work (14.03.2024).

Weitere Bücher zur Zukunft der Unternehmen

Das vorliegende Buch soll zu einer neuen, glücklicheren Art der Zusammenarbeit und Führung inspirieren und Geschäftsführungen, Führungskräfte sowie Mitarbeitende gleichermaßen ermutigen, sich zu einem Glücklichen Unternehmen zu transformieren. Dies ist die Lösung, wie Unternehmen die Herausforderungen lösen können, unter denen heutzutage, und erst recht in der Zukunft, alle Beteiligten leiden (werden). Die drei weiteren Bücher »Glücklich-erfolgreich führen«, »Jobglück« und »Glückliche Unternehmen«, helfen bei der konkreten Umsetzung in die Praxis.

Glücklich-erfolgreich führen

Mit diesem Ratgeber erhält die Führungskraft unabhängig von ihrer hierarchischen Position, Branche oder Größe des Unternehmens konkrete Unterstützung, um eine glücklich-erfolgreiche Führungs-Haltung zu entwickeln. Darüber hinaus erhält sie das praktische Rüstzeug, diese neue, glücklichere Art der Zusammenarbeit und Führung im Führungs-Alltag und im Team konkret umzusetzen. Die Vielzahl an Ideen, Hinweisen sowie praxisnahen Beispielen glücklich-erfolgreicher Zusammenarbeit und Führung helfen ihr, eine neue Führungs-Haltung einzunehmen und in konkretes Führungs-Verhalten umzusetzen, sodass Erfolg zum logischen Ergebnis wird.

Zielgruppen: Alle Führungskräfte und alle an Führung Interessierten

Springer Verlag, 22,99 €, 214 Seiten, ISBN-13: 978-3662630365. Auch als E-Book erhältlich.

Jobglück

Dieser Ratgeber dient dazu, sämtliche Mitarbeitenden ohne, aber auch mit Führungsverantwortung, für ihr eigenes Jobglück zu begeistern. Dazu holt »Jobglück« den Lesenden dort ab, wo viele stehen: bei ihrer Unzufriedenheit im Job. Denn mit der Einstellung »Arbeit nervt« schleppen sich Tausende von Beschäftigten täglich mies gelaunt zur Arbeit. Dabei ist es genau diese Haltung, die ihre Unzufriedenheit auslöst. Tief im Unterbewusstsein verankert bewirkt sie, dass unser Arbeitsleben einen so schlechten Ruf hat. An dieser Stelle setzt der Ratgeber mit seinem erprobten Jobglück-Trainingsprogramm an.

Auf unterhaltsame Weise und mit vielen praktischen Beispielen hilft er dem Mitarbeitenden, eine glücksförderliche Haltung zur Arbeit zu entwickeln und fördert seine Bereitschaft, sich selbst mehr für seine eigene Zufriedenheit einzusetzen. Der größte Gewinner in diesem Glückspiel ist er dann selbst. Ein attraktives Ziel, dass Mitarbeitende und auch Führungskräfte motiviert, mit dieser neuen Haltung glücklich-erfolgreiche Zusammenarbeit zu leben.

Zielgruppen: Alle Beschäftigten und alle Führungskräfte, die verstehen wollen, wie sie selbst und ihre Mitarbeitenden bei der Arbeit glücklich werden können.

Humboldt Verlag, 2. Auflage, 14,99 €, 224 Seiten, ISBN-13: 978-3869101149. Auch als E-Book erhältlich.

Glückliche Unternehmen

Das Buch »Glückliche Unternehmen« richtet sich an alle Geschäftsführungen, Vorstände, HR-ler, OE-ler und alle Führungskräfte, die erkennen wollen, wie sie all die Probleme lösen können, die sie in der heutigen Zeit täglich herausfordern:

- Fachkräftemangel, schwierige und teure Mitarbeitergewinnung,
- gestiegene Ansprüche der Bewerbenden und Mitarbeitenden an Unternehmen,
- unmotivierte und unzufriedene Mitarbeitende,
- zu hohe Krankheitsausfälle und
- sinkende Produktivität und damit schwindender wirtschaftlicher Erfolg.

Es beschreibt einen Wirkungsmechanismus, durch den Unternehmen beginnen zu leuchten, magische Anziehungskraft entwickeln und wirtschaftlicher Erfolg zum logischen Ergebnis wird. Dieser Ratgeber ist eine kurze, komprimierte Einführung in die Thematik, wie Unternehmen erfolgreich und zudem zu attraktiven Arbeitgebermarken werden. Er zeigt, wie in der Zukunft erfolgreiche Unternehmen Zusammenarbeit und Führung neu, und zwar glücklicher denken und inspiriert alle Beteiligten zur Umsetzung.

Zielgruppen: Geschäftsführungen, HR-ler, OE-ler, alle Führungskräfte.

Gedruckt bei BoD, 14,99 €, 82 Seiten, ISBN: 978-3-753-47287-4. Auch als E-Book erhältlich.